중년에 떠나는 우리나라 추억 여행

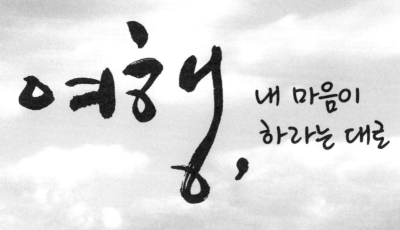

여행, 내 마음이 하라는 대로

글 여기태
사진 윤현숙

여문학자

프 롤 로 그
그대 잠시 자유로워도 좋습니다!

떠나고 싶을 때, 훌쩍 떠날 수 있어야 하잖아요! 그런데 열심히 사는 법만 알지, 이런 쪽으로는 도통 생각을 해보지 않아서요. 막상 어디로 가야 할지, 무엇을 해야 할지……, 그리고 얕은 생각이지만 비용이 얼마나 들지……. 이런 생각들과 씨름하다 보면 오히려 주저앉는 것이 더 마음 편할 수도 있지 않습니까?

가끔 거울 속에 비친 내 모습에 소스라치게 놀라곤 합니다. 현실의 무게를 온 얼굴 가득 담고 있는, 무척이나 생경스런 나를 접하기 때문입니다. 이제는 나만을 위한 시간도 필요하지 않을까요? 격동의 시간들을 헤쳐 나가려면, 얼마나 강인해야 했으며, 얼마나 온몸으로 세찬 파도를 이겨내야 했겠습니까? 질주를 멈추고 거친 인생의 역정에서 잠시 오아시스 곁에 머물러도 좋지 않을까요? 아름다운 숙소에서 바쁨을 잠시 밀쳐두고, 오롯이 나만을 위한 시간을 갖는 상상은 얼마나 삶을 여유롭게 해줍니까? 이제 호젓한 강가, 산책하기 좋은 바닷가,

고즈넉한 오솔길을 걸으셔도 좋습니다. 전쟁 같은 휴일이나 휴가 기간을 피해 과감히 한적한 시간을 찾아 떠나셔도 좋습니다.

"아이디어는 바쁠 때는 절대 낼 수 없다. 말도 못하게 한가할 때 오직 그때만 떠올릴 수 있다."라는 말처럼 편안하고 한가해진 상태에서 인생을 다시 한 번 쳐다볼 필요가 있습니다. 그러면 이 한적한 시간에 문득 잊고 지냈던 '살아 있다는 증거'를 그리고 '행복해질 수 있는 아이디어'를 순간순간 상기하실 수 있을 겁니다.

마음만 먹으시면 내 마음이 하라는 대로 우리 국토 온천지에 널려 있는 이야기가 가득한 곳으로 떠날 수 있습니다. 천 년 전 선조들도 만나고, 잃어버린 왕조의 쓸쓸함도 느낄 수 있습니다. 유적지 곳곳에서 만나는 중학교, 고등학교, 그리고 대학 시절의 '나'와 현재의 '나'는 끊임없이 대화하고 추억을 떠오르게 합니다. 거울 속에서 느꼈던 비정하리만치 차가운 나는 더 이상 여행지에서 찾아보기가 어렵습니다.

자연의 품속에서 치유 받는 것도 가능합니다. 봄의 소리와 냄새를 쫓아 남녘으로 내달리셔도 좋고, 비단 같은 차밭이 일렁이는 초여름빛 가득한 보성에서 마음결을 쓰다듬을 수도 있습니다. 신화 같은 산맥이 사방으로 치닫는 태백은 또 어떻습니까?

동서 남해안 그림 같은 숙소에서 뜨는 해를, 구름 사이 비켜가는 달을, 국화냄새 가득한 쪽빛 바다를 감상하실 수도 있습니다. 왕이 행차하던 온천에서 느긋한 휴식을 취할 수도 있고, 마음의 감성을 파도치게 하는 아름다운 곳에서 내 안에 남아 있는 젊은 향기를 다시 느낄 수도 있습니다.

그러다 문득 마음속에 소원이 생기거든 변산반도의 보석상자 부안에 있는 내소사를 찾으셔도 좋고, 바닷가 갯바위에 오밀조밀 앉아 있는 용궁사에 들러 하염없이 염원을 풀어놓으셔도 좋을 것 같습니다.

이제 좀 자유로워도 좋습니다. 삶의 한가운데서 잠시도 곁눈 주지 않고 열심히 뛰어오신 여러분께 이제 잠시 무거운 짐을 내려놓고 볼을 스쳐 가는 산들바람을 느껴보라고 권해 드립니다. 코끝을 스쳐 가는 인생의 향내를 음미하시라 말씀드리고 싶습니다. 그동안 살아오시면서 이룩된 결과들을 쳐다보며 이제 우리에게도 선물 같은 여행을 줄 때라고 말씀드리고 싶습니다. 여행하는 순간 진정으로 치유를 받을 것이고, 또 크고 아름다운 생각을 마음에 담을 수 있을 겁니다.

저자 여기태

● 차 례 ●

5. 온천에서 느긋한 휴식을 원할 때

6. 마음에 감성이 파도칠 때

7. 바다가 그리울 때

8. 마음에 하나쯤 소원이 생길 때

전주   경주   부여

1. 이야기가 가득한 길을 걷고 싶을 때

전주

기름지고 차진 땅, 계절마다 색깔을 바꾸는 드넓은 평야,
전주 사대문 안에 살던 양반들이 대문을 열고 나올 듯

어린 시절 살던 곳은 해조차 일찍 지는 산골 마을이었다. 높은 산
에 해가 턱에 걸려 있다가 넘어가면 바로 밤이 찾아오곤 했다. 워낙 산
들이 첩첩으로 둘러쳐 있고, 낮은 산 뒤에는 어김없이 높은 산이 버티
고 있었기 때문에, 저 산 너머에……. 글쎄! 평평하고 넓은 땅이 있으
리라고는 상상을 못했다.

어릴 적 꼭두새벽 일찍 일어나본 기억의 대부분은 강원도 산골 마
을에서 할아버님 댁인 시골에 갈 때였다. 추운 겨울날, 새벽 길을 나설
때는 무던히도 어머님을 힘들게 해 드렸다. 찬바람이 귓바퀴를 낚아챌

때는 어머님 호주머니에라도 들어가고 싶을 만큼 추웠다. 자다가, 보채다가 그리고 사방을 모르고 어머니 곁에서 이리저리 길을 옮기다 보면, 꼭 아침에 본 것 같은 총총한 별들이 떠 있는 한밤중에나 할아버님이 계시는 시골에 도착할 수 있었다. 그 밤 시골은 하늘에 별밖에는 볼 것이 없는, 그저 텅 빈 곳으로만 느껴졌다. 나의 기억에 처음으로 남아 있는 할아버님 댁에 도착할 때 풍경은 말이다!

다음 날 동네 사촌들과 조무래기들을 따라나선 동네 어귀에서 나는 신천지를 보았다. 세상에 이렇게 평평한 땅도 있었구나! 그리고 이렇게 끝도 없이 넓게 펼쳐져 있을 수도 있다니! 산골 소년에게 평야는 그야말로 인생에서 처음 접하는 충격 그 자체였다. 거기에는 내 눈 속에 늘 같이 있던 높다란 산은 없었다. 있더라도 저만큼 멀리 하늘과 붙어서 잡을 수 없는 거리 정도에 놓여 있을 뿐이었다. 이후로 시골에 가자고 하면 널따란 지평선을 눈에 그리며 얼른 앞장서곤 했다. 그때 할아버님이 계시던 그 넓은 곳은 호남평야 지역이었다.

어릴 적 마음속에 있던 할아버님 댁과 널따란 평야는 이후 성장하고 나서도 늘 시간이 되면 가보고 싶은 곳 중 으뜸이었다. 그리고 우연처럼 필연처럼 나의 두 번째 직장은 '전주' 근처에 있었다. 직장을 옮기고 전주를 떠난 지 한참이 지난 후부터, 놓쳐버리고 온 무엇이 갑자기 생각난 것처럼 불현듯 그리워질 때가 있었다. 그리고 가끔은 전주가 속살속살 나를 부르곤 했다. 이렇게 전주는 나에게 늘 마음 곁에 있는 도시였다.

전주에 살면서 늘 접하는 풍경이 있었다. 가을이 다가오면 황금빛
으로 색깔을 바꾸는 드넓은 평야. 그 광경은 바라만 보고 있어도 절로
배가 부른 광경이 아닐 수 없다. 가을걷이가 끝나고 내년 농사를 위해
짚을 태울 때면 평야 전체에 짚 타는 연기와 냄새로 가득했다. 그 짚
냄새가 지금도 콧속을 맴돈다. 이 기름지고 차진 땅에서 만들어진 쌀
맛은 다른 반찬이 없어도, 그냥 밥만으로도 입맛을 만족시키기에 부족
함이 없다.

거짓말처럼, 평야가 더 낮아지는 김제 군산 쪽으로 방향을 잡으
면 지평선을 더 넓게 볼 수 있으며, 이윽고 서해에 이르게 된다. 지금
은 새만금 방조제로 막아 놓은 이 거대한 강과 방조제는 호남의 평야
를 적시면서 달려온 강들이 최종 모여 만든 하구언이다. 강과 바다가
만나는 넉넉한 자연환경은 상상할 수 있는 모든 어족들의 전시장이며,
해산물 먹거리의 보물창고가 되었다. 그뿐만 아니라 사시사철 먹을 수

있도록 발달한 염장기술 또한 대단하니, 군산에서 조금만 비켜선 논산 강경으로 올라서면 각양각색의 젓갈 종류에 입과 눈이 저절로 즐겁다. 맛난 밥에 해산물, 젓갈이면 얼마나 한 끼 식사가 즐겁겠는가?

하지만 더 놀라운 사실이 있으니, 전주를 병풍처럼 두르고 있는 산악지대 '무진장(무주, 진안, 장수)지역'이다. 예전 무진장으로 시집가는 새색시들은 다시는 전주로 못 오리라는 생각 때문에 눈물로 부모님께 하직인사를 드렸다는 이야기가 있을 정도로 산이 높고 험한 고산준령 지역이다. 하지만 이곳에서 생산되는 각종 임산물, 고사리, 산나물 등

전주 한지의 아름다움 ••••••

은 자연스레 전주의 밥상을 풍성하게 하였다. 화합과 평화의 상징이 된 전주비빔밥에 들어가는 그 싱싱한 채소들은 물어볼 필요도 없이 이 풍부한 자연환경에서 온 것들이다.

넘치는 자연과 차진 땅의 생명력은 밥상을 풍요롭게 하고, 인간의 삶을 융성하게 하며 문화를 꽃피우게 하였다. 한옥, 한지, 한식이 발상되고 발달된 것은 너무나 자연스럽다. 전주가 현대에 재조명되면서 슬로시티, 유네스코 음식 창의 도시, 음식관광 대표도시, 판소리의 고장 등으로 다양하게 칭송되는 것은 이러한 도시 자체의 풍부한 근원이 발현되면서 부각되는 현상 중의 하나일 것이다.

* 4대문 중 3대문이 철거, 풍남문(남문)만 일부 남아 있음. 호남제일성(湖南第一城) 현판이 걸려 있다.

•••••• 조선 시대: 풍남문–전주성의 정문*

근대: 전동성당 ●●●●●

　이렇게 터가 좋은 곳에 사람이 모이는 것은 당연스럽지 않은가? 900년 견훤의 후백제가 이곳에 도읍을 정하고 시대를 구가하였고, 조선왕조를 창업한 태조 이성계의 선조들이 이곳에서 뿌리를 내리고 정착하였다. 조선왕조를 거치면서 전주는 풍패지관(豊沛之館)*이라고 불리며 왕조의 발상지로 널리 회자되었다. 임진왜란의 소용돌이 속에서 '어진'(태조의 용안을 그린 초상화)과 『조선왕조실록』 등 수많은 역사적 유물이 유독 이 고장에서만 고스란히 보관된 상황을 보더라도 완전한 고을(전주: 全州)의 진가는 금방 알 수 있다.

　한옥마을을 걷다 보면 문득 전주 사대문 안에 살던 양반들이 대문

---

* 건국자의 본향을 뜻함.

•••••• 현대: 전화번호 한 자리 국번(2)을 보여주는 가게 간판

을 열고 나올 듯하고, 좁은 골목을 구불구불 따라가다 보면 내가 지금 느끼는 이 시간이 후백제이기도 하고, 조선 시대이기도 하고, 대한제국 시절이기도 한 것 같다.

한옥마을에 자리한 최명희의 '혼불문학관'에 들어서면 '꽃심'*이라는 단어가 가슴에 꽂힌다. '사물을 피어나게 하는 힘'이란 뜻의 꽃심이라는 표현이야말로 이 기름진 땅을, 이곳에 발현된 문화를, 그리고 시대와 더불어 수없이 자생한 왕조를 가장 잘 설명하는 이곳만을 위한 단어가 아닌가 생각해본다.

---

* 『혼불』의 최명희 작가가 '꽃심'이란 표현을 사용했다. 조선왕조를 출발시킨 힘으로 묘사되었다.

전주 한옥마을의 밤이 연한 별빛처럼 빛나고 있습니다.
곳곳의 음식을 파는 상점들 앞에는 여지없이 사람들로 넘실댑니다.

고전과 현대의 조화!
그리고 물결처럼 그 사이를 연인들이
그리고 사람들이 떠다닙니다.

한옥의 겉모양과 현대의 편리함이
공존하는 건물에서는
우아함과 세련됨이 넘쳐납니다.
이렇게 멋진 건물들이 세월을 건너
우리 곁에 남아 있어주었다는 사실이 무척 고맙습니다.

한옥마을 가게 야경 •••••

전주 거리에서 만난 액세서리 가게에는 저마다의 손길로 만든 아름다운 소품들이 가득하다. 한없이 쳐다보고 만지작거리게 되는 것을 보면 소녀와 소년의 마음으로 돌아가게 하는 마법이 있나 보다. 반짝거리고 흥미롭다. 내가 살아왔던 세월들이 이들 소품처럼 내 가슴에도 아름답고 빛나는 추억으로만 남았으면 좋겠다.

한옥마을에 찾아든 밤은 두텁지도 무겁지도 않다. 낮고 얇으며 그리고 가볍다. 살랑거리는 산책 걸음으로 사람 물결 사이를 편안히 떠다닐 수 있다.

보석처럼 빛나는 자태를 보이는 한옥은 현대의 세련됨을 만나면서 더 매력적으로 변신했다. 한 채 한 채 산책하면서 만나는 건물마다 연신 그 멋짐에 감탄이 절로 나온다.

언젠가 영국의 주택가를 다니면서 이런 말을 들었다.
"카메라 앵글을 어디에 두어도 바로 영화가 되는 곳이 영국이다."
영국의 주택이 오래된 것을 빗대어 하는 말이다. 하지만 전주는 오래된 것뿐만 아니라, 선조들의 삶의 숨결과 희로애락도 같이 느껴지니 영국보다 한 수 위인 것 같다.
잘 살펴보면 전주는 한옥 그대로의 진솔함에 현대의 편리함을 살짝 걸치고 있다. 하지만 그 본연의 아름다움과 우아함에 눈을 뗄 수 없다. 그래서 이 골목에 물결처럼 다니는 모든 사람들이 시대를 건너서 모두 낭군, 낭자가 된 듯한 착각을 선사한다.

이제는 전주를 닮은 편안한 숙소에서 깊이 몸을 담가 본다. 전주가 머릿속에서 그려지면서 이윽고 마음으로 전해진다. 생명을 피워내는 전주의 기운이 넉넉히 느껴진다……

'오목대'에서 쳐다보는 한옥마을의 밤!
천 년 도시 한옥 지붕 위에 밤이 내려앉습니다.

500년을 살아왔던 은행나무 위에도
오늘 현대의 밤은 틀림없이 그리고 나직이 내려앉아 있습니다.

얼마나 많은 선조들이 이 거리를 걸었으며, 삶을 유지하고 가꾸었을까?
긴 과거와 현대 사이를 조용한 시선으로 관조합니다.

오늘 내가 느끼는 이 감정을
먼 훗날 또 다른 세대가 같은 자리에서 공유할 것으로 생각하니
지나온 천 년도 앞으로의 천 년도 그리 멀리만 느껴지지는 않습니다.

●전라북도

익산시
군산시   완주군
김제시 진안군 무주군
        전주시
부안군   장수군
    정읍시 임실군
고창군   순창군 남원시

전주시

7 전주 한옥마을
4 전주 경기전
1 태조궁호텔   5 오목대
        3 전동성당
                  6 전주향교
2 풍남문

... 칼국수

첫날

- 전주 도착 — 호텔 체크인 — 한옥마을 야간 구경
- 저녁: 베테랑 칼국숫집(칼국수 5,000원, 쫄면 5,000원, 만두 4,000원)
- 37년 된 칼국숫집.
- 칼국수 좋아하시는 분, 그리고 옛 맛을 느끼고 싶으신 분들은 꼭 들러봄 직하다.
- 들깻가루의 향긋하고 고소한 맛, 부드러운 맛 그리고 여행자의 빈속을 든든히 채워주는 호남의
  넉넉하고 부드러움이 느껴지는 맛이다. 김 가루, 적당한 면발, 달걀 등이 섞여 있다.
- 중년 정도되면 한 번쯤 그리워할 학창시절 맛, 그리고 순하고 입에 감기는 맛.
- 만두와 쫄면을 추가하여 삼총사로 먹어본다. 성심여자중학교 맞은편에 위치.

둘째 날

●●● 전주 왱이콩나물 국밥

- 한옥마을 1코스 투어 — 경기전 투어 — 한옥마을 2코스 투어
- 점심: 전주 왱이콩나물 국밥(국밥 6,000원, 모주 한 잔 1,000원)
- 반찬으로 큼지막한 깍두기, 새우젓이 나옴.
- 종업원이 친절함. 빈 잔에 모주를 덤으로 채워주기도 하고, 깍두기
  가 맛있다고 하는 손님이 있으면 싸주는 정도 있음.
- 전주는 물이 좋아서 양질의 콩나물이 많이 생산되며, 이를 바탕으
  로 콩나물 국밥이 발달했다.
- 한옥마을 골목길을 걷다 보면 엄청난 시장기를 느낀다. 이때 국물이 시원한 국밥은 일품이다.
- 수란에 김을 넣고 먼저 먹는다. 이는 입맛을 돋우고 부족한 단백질을 보충해준다. 모주를 반주로
  곁들이면 더욱 좋다.
- 몰려드는 손님들의 바쁜 숟가락질도 경쾌하고, 콩나물 씹히는 맛도 근사하다.

모주

모주의 순한 맛은 반할 만하다. 어릴 적 좋아하던 캐러멜 향이 나기도 하고, 달큼한 맛이 입안에 가득 찬다. 여성들도 쉽게 친해질 수 있는 맛이다. 여행으로 한참 걷고 난 후에 한잔하면 몸에 원기가 샘솟는 듯하다.

콩나물 국밥에 곁들여야 제맛이다. 생강, 대추, 계피, 칡, 인삼 등 약재와 설탕을 넣고 끓인 일종의 속풀이 해장술이다.

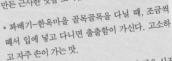

걸으면서 즐기는 간식

• 풍년제과 초코파이-모 제과의 초코파이와는 차별화됨. 크고, 견과류가 들어 있으며 밀로 만든 근사한 맛을 보여줌.

• 꽈배기-한옥마을 골목골목을 다닐 때, 조금씩 떼서 입에 넣고 다니면 출출함이 가신다. 고소하고 자주 손이 가는 맛.

• 즐거운 경험: 한지 사진 출력-한지에 찍은 사진을 인쇄해보는 것도 특별한 재미를 준다. 출력된 사진은 한지 자체의 따듯함에 입체감까지 더해져 마치 그림을 그린 듯한 느낌을 준다. 이는 닥나무 섬유질로 만들어진 한지의 재료 효과 때문인 것 같다.

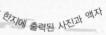

··· 풍년제과 초코파이를 사려는 긴 행렬

··· 한지에 출력된 사진과 액자

숙소

• 전주 태조궁 호텔(월풀형 131,890원, 주말 요금)

- 한옥형 객실. 주말에는 간단한 조식 무료(빵, 우유, 주스, 시리얼, 사과, 삶은 달걀).

- 현관에 동양화 및 서예가 작품을 전시하여 문화 공간으로도 괜찮음.

- 객실 복도에도 옛 그림들을 많이 갖추어 놓아 특이한 분위기를 연출함.

- 실내에 갖추어진 월풀욕조는 여행의 피로를 푸는 데는 적격임(주말에는 빈 객실이 없는 경우가 있음).

- 전주에 현대적인 숙박시설이 절대적으로 부족한 현실을 감안할 때, 좋은 대안이 될 수 있는 곳. 가족 여행객이 많음.

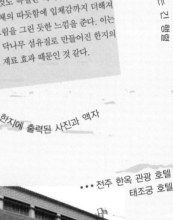

··· 전주 한옥 관광 호텔 태조궁 호텔

경주

천 년 고도에 불어오는 아침 바람, 가슴 설레게 하는 역사의 향내,
망각 속에 잊힌 자신을 찾는 곳

어릴 적 친구들과 소통할 수 있는 다양한 수단들이 최근 속속 나오고 있다. 이제는 스마트폰만 이용하면 즉각적으로 시간과 공간을 여행해서 그 시절 친구들과 채팅도 가능한 시절이 되어버렸다. 하지만 이러한 문명의 이기는 사무 시간에는 귀찮음으로, 또 때로 너무나 흔한 가상 커뮤니티로 치부되는 경우가 다반사다.

이런 일들을 경험할 때마다 정말 추억속에 있는 그 시절 나와 그리고 그 시절 짝꿍들이 몹시도 그립다. 중학생이었던 나, 그리고 고등학생이었던 나를 만나는 가장 쉬운 방법은 무엇일까?

나는 그 대안으로 경주를 떠올린다. 학창시절 입이 찢어지게 웃고 다닌 적이 과연 며칠이나 되었을까? 늘 경쟁과 성적에만 옥 메여 살던 우리 아니었던가? 그래서인지 가장 즐거웠던 기억은 동무들과 함께한 수학여행 외에는 별로 없었던 것 같다. 정말 같이 잠자고 여행하며 재잘댄 날이 수학여행 이외에 있기나 했을까?

그곳에 가면 우연처럼 그 시절 기억들을 꺼낼 수 있으리라! 선생님 께서 주무시면 얼굴에 매직 칠 세례를 할 거라며 단단히 벼르다가 결국 모두 포기했던 일! 그리고 애꿎은 친구 녀석 얼굴에 낙서질을 한 일이며, 잠자는 친구 녀석들 다리와 다리를 묶어둔 일……. 모두가 기억나지 않더라도 경주에 가면 그 시절 나를 찾을 수 있지 않을까 기대하게 된다.

그뿐만 아니라 대학 시절에는 MT도 갔었고, 아이들이 어릴 때는 경주의 너른 잔디밭에서 자전거도 함께 탔으니, 경주 곳곳은 나의 유년시절부터 초보 아빠 시절까지 모든 역사를 간직한 곳이기도 하다. 그 시절이 못내 그립고 아쉬워 꺼내보고 싶지만 가끔은 하얗게 기억이 나질 않는다. 그곳에 가면 그 잃어버린 시간과 순간들을 경주는 내게 돌려주지 않을까?

봄 내음이 물씬 풍기는 3월 말, 경주 벚나무는 꽃망울을 몽글몽글 달고 나를 반기고 있었다. 얼마 남지 않았으리라! 이 모든 꽃잎이 일시에 터져 온몸으로 봄을 맞을 날이…….

  신라가 살아 있었던 천 년, 그리고 다시 천 년이 지난 지금 나는 이 신비의 땅에 발을 들이고 있다. 내 삶의 역사는 그리 길지는 않지만, 망각 속에 잊힌 지난 시절 기억들을 간절히 찾기 기원하면서…… 도착한 지 얼마 지나지 않아 경주는 그 붉은 전설을 토해내며 산 너머로 저물고 있었다.

  수학여행 때, 해가 떨어진 저녁 시간은 그저 즐거운 유흥시간이었지, 문화재 감상을 토론하거나 역사를 되새김질하는 시간은 아니었던

• • • • • 경주의 석양

것 같다. 그뿐만 아니라 천방지축으로 뛰어다니는 아이들을 잘 관리하기 위해서도 저녁 시간은 숙소에 머물러야 하는 시간이었지 무엇인가를 보러 다니기에는 무리였을 것이다. 그래서 기억에 남아 있는 경주에 대한 모든 영상은 거의 낮에 환한 구조물들에 맞추어져 있다.

내 기억 속에 첨성대와 안압지(동궁) 역시 그렇게 환한 낮에 고정되어 있다. 그저 어릴 적 첨성대는 붓 통 같았고, 안압지는 설명을 들어도 상상이 가지 않는 아무런 형상없는 황량함 자체였다. 책에서 접하던 첨성대를 가까이에서 보고, 단체 사진 촬영을 하고 재잘대던 것이 전부였던 것 같다. 그래서 야간에 첨성대와 안압지를 보는 것은 다소 생경하고, 어떤 추억도 상기해내지 못할 것 같은 불안감도 있었다.

다소 회의적인 생각으로 밤의 초입에서 마주친 첨성대! 은은한 빛을 몸 전체에서 발하고 있는 온화한 완전체 앞에 선다. 이 부드러운 기운으로 1,400여 년을 한결같이 여기 이 자리를 지켰다는 사실에 경외감이 든다. 수많은 왕조의 흥망성쇠를 지켜보았을 테고 그 속에 얼마나 구구절절한 사연이 많았겠는가? 그저 묵묵히 감내하고 한자리에 서 있는 깊은 속내가 느껴진다.

첨성대에서 발하는 벌꿀 빛을 가만히 쳐다보고 있다. 소박하지만 무어라 표현하기 어려운 우아함과 편안함이 묻어난다. 이윽고 첨성대는 나의 마음을 열고 초보 아빠 시절 나를 보여준다. 무엇이라도 설명을 해주어야 한다는 사명감에서 이런저런 정보를 아이들에게 들려주려던 나! 이리 뛰고 저리 뛰어다니는 아이들을 달래며 첨성대 이야기

여행

경주 첨성대 10월의 밤

은은한 빛을 발하고 있는 첨성대 •••••

화려한 야경을 선사하는 동궁 •••••

에 끌어들이려 애쓰던 모습도 보인다. 아! 이렇게 하나씩 경주는 나의 잊었던 역사를 들려주기 시작하는구나!

　동궁(안압지)에 이르면서 마음에 별이 새겨짐을 느낄 수 있다. 삼국을 통일하고 흥에 겨워 연회를 베풀던 장소이기도 하고, 왕조의 몰락을 신고했던 영욕의 장소이기도 한 동궁이 이렇게 아름답게 재탄생되어 있을 거라고는 상상을 못했다.* 물 위에 투영되어 일렁이는 전각은 마치 지금이라도 군신 간의 대규모 연회를 치르기 위해 완전히 단장한 모습이다. 나라의 경사를 축하하는 음악과 군신들의 그리고 사신들의

---

* 동궁은 신라의 삼국통일을 기념하기 위하여 문무왕(674년) 때 완성되었다. 하지만 신라의 마지막 왕인 경순왕이 고려 태조 왕건을 위해 이곳에서 잔치를 베풀기도 한 역사의 영욕이 함께한 장소였다.

즐거운 웃음소리가 이 정원에 가득하다. 그 웃음소리 사이로 빛나던 30대, 경주 구경을 왔던 우리 부부 모습도 보인다. 아! 경쾌하고 즐겁다. 이 밤의 흥취가 오래도록 계속되었으면 좋겠다.

바쁜 도시의 아침은 늘 '머리의 부산함'과 '마음의 중압감'과 함께 시작된다. 하지만 이곳 경주에서 맞은 아침은 싱그러운 공기에 꽃향기가 실린 것 같고, 현명한 선조들과 같이하는 편안한 느낌을 받는다. 도시 자체가 박물관이고 문화재인 천 년 고도에 불어오는 아침 바람은 잔잔하면서도 가슴 설레게 하는 역사의 향내가 들어 있다.

가끔 바쁜 아침 출근길을 재촉하면서 이런 즐거운 상상을 해본다.

아침 넓은 창을 열어젖히고, 잔잔하고 감미로운 음악을 올려놓는다. 유유하게 날아다니는 호수의 새들과 탁 트인 전망을 감상한다. 눈을 잠시 감고 방안 가득 울려 퍼지는 음악에 깊게 마음을 주면서 몸 전체를 이완시킨다. 기분 좋을 만큼 완화된 몸과 마음으로 읽고 싶었던 책을 꺼내서 즐겁게 빠져든다. 그리고 시장기가 돌면 왕이라도 된 것처럼 룸서비스를 시켜서 식사도 한 끼하고, 또 힘이 나면 책상에 앉아서 우아하게 작업도 해본다. 친구가 있으면 오랜만에 호텔 로비에서 만나 잡담도 건네고 차도 한잔 한다.

이런 상상은 출근하는 지하철이나 버스의 고통에서 잠시 나를 떠나있게 하는 묘약이었는데, 경주에서 맞은 아침은 평상시 나의 상상을 실현시켜주었다.

핸들만 보면 피가 끓던 시절이 얼마 전인데, 언젠가부터는 운전이

내 유년시절 기억과 똑같은 불국사 •••••

그리도 무서울 수 없다. 경주에서의 여행은 운전을 피했으면 하는 평
상시 바람을 잘 만족시켜 주었다. 넓은 창을 가진 여유 있는 버스에 앉
아서 지나간 역사를 재미있게 들려주는 문화해설사와 함께하는 시티
투어를 해보자! 그저 편히 앉아서 두 눈과 두 귀를 열고 있으면 된다.
운전에 쓰던 신경은 내려놓고 이제 온통 역사 이야기 속으로 빠져들면
그만이다. 호텔 앞에 도착한 시티투어버스는 마치 나의 학창시절 수
학여행 버스를 연상시킨다. 마음이 들뜬다. 다시 수행여행을 가는 것
처럼!

　중년인 나의 수행여행 첫 번째 목적지로 시티투어버스가 데려다
준 곳은 '불국사'였다. 이곳은 즉시 나의 어릴 적 동무들의 모습과 표

정을 소상하게 재현해준다. 다보탑과 석가탑 주변을 얼쩡거리던 우리 반 친구 녀석들, 단체 사진 촬영에 빨리 오라고 독려하시던 선생님 모습, 난생처음 부모님께 선물을 산다고 기념품 가게에서 머리를 박고 고민하던 친구들! 나도 거기에서 다보탑 모양이 새겨진 기념품을 집어 들었고, 그 이후 부모님 댁에는 그 어떤 장식품보다 잘 보이는 곳에 내 선물이 전시되어 있었다.

시티투어버스는 경주의 유적 속으로 향하고 있다.

김대성의 장인 정신이 살아 있는 석굴암의 설명을 들으며, 한 인간의 의지와 미의 추구가 얼마나 극적이고 위대한 작품을 만들 수 있는지 감탄해 본다. 석굴암의 이야기는 어디 한 대목 딴청을 부릴 수 없을 정도로 흥미진진하다. 그렇게 여러 번 들어도 지겹지 않은 것은 석굴암이 우리 민족에게 만들어 준 든든한 자긍심 때문이지 않을까?

꽃분(화장)을 한 임금, 즉 부드럽고 향기로운 황제란 의미인 분황 (芬皇)! 신라 최초의 여왕인 선덕여왕을 기리기 위한 분황사, 그리고 선덕여왕의 정성이 담긴 모전석탑 앞에 서면 굽은 구석 없이 미려하고 아늑한 감정을 느낄 수 있다. 그리고 어디에선가 전해오는 경주 골의 봄꽃 향기를 가득 맡을 수 있다.

멋지게 보존되어 수백 년을 견뎌온 전각과 사찰을 접하면 그 고색 창연한 자태에 넋을 놓게 된다. 젊었을 때는 눈으로 직접 확인할 수 있는 화려한 유적에만 매료되었고 머릿속으로도 이해가 빨랐다. 하지만

세월이 흘러 제법 인생의 여러 고비를 넘긴 후에는 그냥 휑하니 아무
것도 남아 있지 않은 빈 사찰 터, 안쓰럽게 한쪽 팔다리를 잃어버린 불
상, 텅 빈 공간에 주춧돌만 남은 궁터들을 접할 때 더욱 마음이 쓰이고
많은 생각을 하게 된다.

온전한 모습은 아니지만 분황사 모전석탑에서 선덕여왕의 흔적을
느낄 수 있어 다행이었다. 하지만 그토록 심혈을 기울였을 황룡사 구
층목탑 자리에서는 애잔한 마음이 먼저 든다. 덩그러니 자리만 남아
있는 황룡사 구층목탑 자리에 서서 마음속으로 수많은 구층탑을 쌓기
도 하고 허물어뜨리기도 하며 빈터 위를 서성였다.

분황사 짝을 잃은 부조물들 •••••

내가 걸어온 발자취도 때로는 성취하여 자랑하고 싶은 것도 있으나, 마음만 먹었을 뿐 결심했던 흔적조차 없이 사라진 것 또한 얼마나 많은가? 자국도 없이 사라진 나의 다짐, 결심, 그리고 좌절 등과 빈터로 남아 있는 이 자리는 묘한 동질감과 감정이입을 일으킨다. 사라진 황룡사 구층탑을 상상에서 자꾸 맞추어보는 이유는 내 마음속에 열망하던 성공의 탑과 유사한 궤적을 가졌기 때문이 아닐까?

어느 유적에서 떨어져 나왔는지 알 수 없는 빈터 가득한 저 부조물들은 다시 어느 천 년이 지나야 원래 모습으로 돌아갈 수 있을까?

무상함은 월성(月城)*에서 극에 달한다. 한때 삼국을 통일한 가장

---

* 월성은 파사왕 22년 즉 101년 2월에 축조되었고, 몇 차례 개축 후 신라의 궁성이 되었다. 문무왕 제위시절에는 동궁과 첨성대 일대까지 왕궁에 포함될 정도로 규모가 커졌다.

영화로운 왕도의 궁궐이 있던 자리라고는 믿어지지 않는 황량하고 바람만 가득한 빈터! 한참을 서서 첨성대가 보이는 쪽으로 한없이 성벽도 쌓아보고 궁궐도 배치해본다. 아무리 마음속으로 그림을 그려도 그 허망함은 그대로다. 하지만 때로는 가득 찬 것보다 비어 있는 것이 큰 감동을 주기도 하나보다. 텅 비어 있다는 것에서 얼마나 다양한 감정을 느낄 수 있는지 월성은 여실히 보여주고 있다. 월성 빈터에는 사람과 건축은 오간 데 없고 오직 소나무만 묵묵히 그 시절을 기억하고 있다.

분황사의 향내, 황룡사 구층목탑과 월성, 궁터의 무상함…….

오늘 저녁 꿈자리에서 나는 이 허망함을 달랠 수 있기를 간절히 기원해본다. 오늘 하루 내내 기억 속에서 되살아난 중학교, 고등학교 동창 녀석들 모두를 불러내서 월성빈터에 왕궁을 다시 짓고, 황룡사 목탑을 다시 올리는 행복한 꿈길이 되었으면…….

화려한 왕궁과 신라의 도심을 상상하기도 하고, 계림*에서 동무들과 뛰어노는 나를 떠올리기도 하며 잠을 청한다!

우리네 예전 읍성에 가면 어김없이 '교동'이라는 동네가 있다. 향교가 위치한다는 의미인 '교동'은 이름만으로도 서민들의 존경을 받기 충분했다. 따라서 '교동'이니 '교동 아씨' 등의 단어들은 반듯하고 믿

---

* 김씨 시조, 김알지의 탄생설화가 생긴 곳이다. 흰색 닭 울음 소리로 찾아간 숲 속에 금색 찬란한 궤짝 하나가 나뭇가지에 걸려 있었고, 이곳에서 태어난 아이가 김알지였다는 설화의 배경이 된 숲이다.

음이 가는 단어 고유의 맛을 내고 있다. 이곳 경주에도 어김없이 '교촌마을'이 있다. 더욱 흥미로운 것은 이 마을 한가운데에 수많은 미담을 가지고 있는 '최부잣집'이 존재한다는 사실이다.

최부잣집은 마지막 장손에 이르러 재산 모두를 대학에 환원하여 감동을 주었다. 그뿐만 아니라, 근대와 현대의 격동기에 이들 가문이 보여준 가진 자들의 사회적 책임 완수의 모습은 현재까지도 무한한 감동을 주고 있다.

최부잣집에 들어서서는 좀 더 현실적인 호기심도 발동한다. 부불삼대(富不三代)라 하지 않았던가? 3대를 넘기기 어렵다는데, 무려 12대에 300년이나 부자로서 살아낼 수 있었던 이들 경주최씨 종가의 무한한 비밀은 무엇인가!

그 비밀을 알아내고는 더욱 경탄을 금할 수 없다. 이들이 철저하게 교육시켰던 가문을 지키는 육훈(六訓)의 규범은 다음과 같다.

- 벼슬은 하되 진사 이상은 하지 마라.
- 만석 이상의 재산은 쌓지 마라.
- 흉년기에는 땅을 사지 마라.
- 과객을 후하게 대접하라.
- 사방 백 리 안에 굶어 죽는 사람이 없게 하라.
- 시집온 며느리는 3년간 무명옷을 입어라.

곱씹을수록 현명함과 시대정신이 살아 있는 금과옥조(金科玉條)가 아닐 수 없다.

최부잣집을 막 나서면 최부잣집 자손이 운영하는 '요석궁'을 접할 수 있다. 가끔 기품 어린 왕도에서 정성이 가득한 한식차림을 접하고 싶은 마음이 들지 않는가? 교촌 언저리에 전해 내려오는 태종무열왕의 딸 요석공주와 원효의 인연, 그리고 이들의 이름을 딴 '요석궁'! 그 전설만큼이나 '요석궁'의 시작이나 역사 역시 특이하기 이를 데 없다. 안내된 방안 가득히 들리는 가야금, 거문고, 대금 연주에 이끌려 최부잣집 내림 음식을 음미해 본다. '나의 역사'를 향한 경주여행은 요석궁의 음식과 함께 감미롭게 막을 내리고 있다.

경주의 봄 꽃 향기 ••••••

경주시

⁵황룡사지

³동궁과 월지

⁷경주   ¹첨성대

김유신 묘●   ²경주 힐튼 호텔

⁹최부잣집,   ⁴불국사

요석궁(대릉원일원)   ⁸월성지구

⁶국립경주

박물관

첫날

- 경주 힐튼 호텔 체크인
- 첨성대(입장료 무료), 동궁(입장료 2,000원), 안압지 야간 관광

··· 요석궁 기본 차림상

둘째 날

- 시티 투어(1인당 20,000원)
- 불국사, 분황사, 황룡사지, 대릉원, 천마총, 김유신 묘(입장료 1인당 13,300원)
- 점심 개별 지불(순두부 8,000원)

··· 요석궁 내부

셋째 날

- 계림 — 교촌 한옥마을 — 최부잣집 — 내물왕릉
- 요석궁 식사(1인당 33,000원, T. 054-772-3347)
- 경주빵: 한 상자 20개 14,000원. 얇고 부드러운 팥소를 넣어 구운 전통 빵. 여행으로 피곤하여 달콤한 것이 그리울 때 좋다. 간식으로 먹어도 괜 찮고, 부드럽고 따듯한 음료와 함께 아침 대용으로 먹어도 좋다.

숙소

- 경주 힐튼 호텔(2박, 198,000원 프로모션 가격)
- 보문단지에 위치하고 있으며, 보문호를 바라보는 시원한 전망을 즐길 수 있다.
- 잘 교육된 직원 및 시설이 만족감을 줌.
- 호텔 내부에 다양한 부대시설이 편리하게 갖추어져 있음.
- 내부 리모델링을 마쳐 쾌적한 휴식공간을 제공함.

··· 경주 힐튼 호텔 전경과 객실 내부

부여

한발 아래가 꽃 같은 이 세상의 마지막이요,
왕조의 끝, 굽이굽이 백제 꿈이 흐르는 백마강

고향으로 향하는 본성은 사람이나 혹은 짐승에게도 동일한 모습이 아닐까?

전국 유일의 '효' 테마공원인 대전 뿌리공원에 있는 족보 박물관을 방문한 적이 있었다. 뿌리가 어디인지를 주제로 세워진 공원이라는 점에서 특색이 있었다. 수많은 사람들이 자신의 성씨와 족보 앞에서 발걸음을 멈추고 다양한 상념에 잠기는 모습을 볼 수 있었다. 특히 집안 역사를 지키고 들려주어야 하는 아버지들의 표정은 엄숙하고 비장해 보였다. 아이들을 데리고 진지한 모습으로 족보를 가리키며 자신의 뿌리에 대하여 설명하고 있는 모습에서 다시 한 번 근원, 원류, 뿌리에 대한 소중함을 느낄 수 있다. 넓은 야외에 조성된 성씨별 조각비를 찾아다니는 가족들의 모습에서는 뿌리 찾기에 대한 인간의 열망을 확인할 수 있었다.

이런 모습을 보면서 심정적으로 확실히 이해되지 않았던 나의 기억 속 짧은 영상 하나가 연상되었다.

1990년도 초, 부여는 크게 개발되지 않았고, 그저 휑한 몇 군데 유적이 고작이었다. 부모님을 모시고 백마강 유람선에 오르려 하고 있었다. 평일이었고 관광객도 별로 없는 고즈넉한 강가에 그저 몇몇 손님이 전부인 상황이었다. 멀리서 배를 타려고 뛰어오는 사람들이 있었고 간신히 그들은 배에 올랐다. 조금 지난 후 일본 관광객이라는 사실을 알았고, 그저 한국말밖에는 큰 안내가 없는데도 진지한 눈빛과 감동 어린 표정으로 백마강 근처에 펼쳐져 있는 부소산과 낙화암 주위를 살펴보는 것을 확인할 수 있었다. 그저 느낌상으로 역사 시간에 배웠던 백제와 일본과의 관계 그리고 백제문화의 전파 등을 떠올리며 그럴 수 있는 현상으로 간단히 이해했다. 그러면서도 일본 관광객들이 문화의 원류를 찾아 마치 성지순례 하듯 백제 유적지를 다니며, 진지하게 듣던 모습이 오랫동안 뇌리에 남았다. '백제의 수도였던 부여가 일본인들에게는 뿌리로 인식되지 않았을까' 하는 의문이자 답변을 나 스스로에게 해보았다.

온 산하가 정원 같은 봄 길! 나는 즐기듯 천천히 드라이브 하면서 뿌리와 원류를 음미해 볼 수 있는 부여로 향한다.

감히 겨울에는 상상도 해보지 못한,
여리고 보드라운 생명의 탄생들을 보면 감탄이 절로 나옵니다.
뭉게뭉게 피어오르는 연초록 물결은,
메마르고 훤칠한 나무 끝에서부터 시작되었습니다.
하늘과 맞닿은 부분에서부터 연두색 물감들이 풀어지고 있습니다.

귀하고, 그리고 아름답습니다!
온화한 봄빛이 닿는 손길마다,
어김없이 겨울나무들이 반응하고 있습니다.
양지바른 곳에 연분홍빛을 머금고 있는 진달래는,
어떤 자연의 색보다 매력적이고 곱습니다.

길가에 하늘거리는 노란색 진달래는 양지 녘에 병아리 떼 같습니다.
귀엽고 사랑스럽습니다!
이 봄, 드라이브는 우리 정원 같은 국토를
가벼운 마음으로 노닐 수 있는 여유를 선사합니다.

　1,400년 전 백제의 심장부인 부소산을 마주한다. 해발이 106m밖에 되지 않으니 그저 나지막한 구릉처럼 느껴진다. 입구에서 쳐다보는 부소산은 왕궁과 시내를 품고 있었던 역사가 반증하듯 완만한 경사와 넉넉한 품을 가지고 있다. 물론 산 정상부와 강이 맞닿은 부분은 가파르고 수직 절벽의 형상을 가지면서, 적이 범접하기 어려운 천연의 요새 모양을 갖추고 있다. 부드럽지만 기품이 있고, 낮지만 천연의 방어막을 갖춘, 한나라를 다스리기에 부족함이 없는 최적의 장소인 셈이다.

이러한 산세 덕택에 이곳에 정착한 왕족들은 부담 없이 편안한 마음으로 부소산 곳곳을 산책하였을 것이며, 산 성상 절벽부에 올라서서 굽이치는 백마강을 보며 자연의 아름다움을 즐기고 감성을 길렀을 것이다. 부소산은 백제왕실에서 넉넉한 삶의 터였으며, 안전한 요람이었고, 왕실의 후원 역할을 했을 것이다. 그래서인지 '태자의 길'에서는 산책하고 있는 백제 태자를 만날 수 있을 것만 같다.

부소산성을 보면 한강 근처 위례성을 내어주고, 또다시 공주의 웅진성(공산성)에서 후퇴하여, 마지막 부여의 사비성(부소산성)에 정착*하면서 마음을 다잡았을 백제왕조의 결심이 느껴지는 듯하다. 깨어지지 않을 단단한 수도를 이곳에 만들어 수천 년 번영을 기원했으리라! 하지만 인간의 희망과 기원이 얼마나 속절없으며 물거품과 같은가? 123년, 영화 끝에 결국 이곳은 역사의 뒤안길로 물러났으니 말이다.

초기 찬란했던 영화도 부소산에 있고, 마지막 눈물겨운 안타까움도 모두 이곳에서 숨 쉬고 있으니, 이곳은 정녕 백제의 시작과 끝이 함께한 왕실터임이 틀림없다.

부소산문을 통해 부소산에 접어들면 백제를 느낄 수 있는 다양한 보물들을 만날 수 있다. 마치 보석 박물관이라고 해도 과언이 아니다. 먼저 아픈 백제의 역사 끝자락을 웅변하고 있는 '삼충사'**를 접한다. 난세에서 빛난 시대의 영웅이며, 구국의 염원으로 목숨을 불사른 세

---

* 사비(현 부여)로 도읍을 옮긴 해는 서기 538년이다.

** 백제말의 충신인 성충, 홍수, 계백의 위패를 봉안한 곳이다.

분의 영정은 부소산 초입부터 아픈 백제 이야기를 가슴에 바짝 닿게 한다.

뒷동산 같은 길을 좀 더 오르면 부소산성 내부에 쌓은 토성들이 마치 오솔길처럼 나타난다. 백제의 마지막이 이곳이 아니었다면 그저 가볍게 소풍 나온 마음으로 봄볕을 즐기며 토성 윗길을 사뿐사뿐 걸어도 좋았으리라! 부소의 어원이 '풋소'이며 이는 소나무를 의미한다. 단어의 변형을 거쳐 '부소'가 되었으니 부소산은 예부터 소나무가 울창하였음을 짐작한다. 작은 산세에도 불구하고 기품있는 소나무 군락이 아름답다.

봄볕에 잠시 취해 가볍게 정상을 향하다 보면 금세 비범한 기원이 느껴지는 백화정(百花亭)에 다다른다. 절벽 위에 위치한 백화정에서는 공주 방향에서 흘러들어오는 그리고 군산 방향으로 멀리 물길을 재촉하는 백마강의 전경이 한눈에 들어온다. 백화정 바로 아래쪽 바위가 낙화암(落花巖)이다.

목덜미까지 따라왔을 적군들의 함성과 생과 사를 선택해야 하는 절절함이 이 작은 바위 정상에 윙윙거린다. 한발 아래가 꽃 같은 이 세상의 마지막이요, 왕조의 끝이었으리라! 꽃잎처럼 흩어졌을 애절한 사연 위로 봄 벚꽃 잎이 휘날린다.

산비탈에 걸려 있는 고란사에서 흘러나오는 염불 소리는 그 시절 안타까움을 다독이는 듯하다. 왕실 내불사의 기능에서 출발하여 백제의 패망까지 지켜본 고란사! 백제여인들의 원혼을 달래는 듯한 은은

한 풍경소리가 들려온다. 마음으로 전해지는 풍경소리 파장은 과연 '부여 팔경'이라 할 만큼 잔잔하고 오래도록 여운이 남는다.

애잔한 사연만 있어서야 고단해서 어찌 살겠는가? 고란사 뒤편 바위틈에서 솟는 약수와 고란초는 활력의 근원이다. 고란초를 띄워온 약수를 드셨다는 임금이며, 한 번 마시면 3년씩 젊어진다는 유쾌한 전설은 슬픔의 옷을 잠시 갈아입을 수 있는 계기를 준다.

고란사를 뒤로하고 백마강가로 내려오면 유람선 선착장에 닿을 수

고란사 ● ● ● ● ●

있다. 선착장과 뱃전 가득히 울음처럼 고여 있는 유행가 가사에 마음
이 쓰인다.

백마강에 고요한 달밤아!
고란사의 종소리가 들리어 오면,
구곡간장 찢어지는 백제 꿈이 그립구나!
아! 달빛 어린 낙화암의 그늘 속에서 불러보자 삼천궁녀를!

　금강 구간 중에서도 부여에 이르러서 16km 구간은 특히 백마강으로 불린다. 금강(錦江)은 어원 그대로 살펴보면 '비단결 깅물'이 흐른다는 의미가 아닌가?

　태조 이성계가 왕위에 오른 후 보은의 의미에서 이름을 하사한 남해의 금산(錦山)! 보은의 뜻으로 산 전체에 비단을 두른다는 의미로 비단 금(錦)자를 하사하여 금산이 되었다. 하지만 규모면에서 본다면 400km에 달하는 이 금강의 비단 물길과 견줄 수 있으랴!

　뱃전에 부딪히는 백마강의 물결 소리는 그 옛날 전설을 들려주는 듯하다. 유유한 비단 물결 같은 강! 편안하고 부드러운 강 굽이굽이 백제 꿈이 흐르고 있다.

　굽이치며 낙화암을 지난 백마강은 이후부터는 마음을 내려놓은 듯이 강폭을 넓히며 부드러워진다. 전설과 안타까움에 조인 가슴이 다소 누그러지는 듯하다. 이제부터는 마음 편하게 '비단결 같은 강'인 '금강'이라고 불러도 좋을 것 같다. 그렇게 금강은 서해를 향해 군산 쪽으로 하염없이 흘러가고 있다.

　구드래 선착장에서 하선하여 조금만 발걸음을 옮기면 왕궁터로 추정되는 곳에 닿을 수 있다.* 찬란한 문화를 발하였던 한 국가의 왕궁이 있었다고 상상하기 어려울 만큼 쓸쓸하고 초라하다. 더욱이 시대를 구

---

* 부소산성 남쪽 기슭의 옛 국립부여 박물관 근처에서부터 부여여자고등학교까지가 왕궁터로 추정되고 있다.

유람선 – 황포돛대 재현 ••••••

백마강 유람선 ••••••

•••••• 정림사지 오층석탑

가했던 영화는 간데없고 왕궁터는 민가들의 침식으로 흔적조차 가물
거린다.

　그나마 위안을 삼을 수 있는 것은 백제 사비도성 건설과 함께 지근
거리에 계획적으로 세워졌던 정림사지 유적이 남아 있다는 사실이다.
석탑이면서도 부드럽고 온화한 백제문화를 그대로 간직하고 있는 '정
림사지 오층석탑'을 보고 있으면 만감이 교차한다. 1400년을 한자리에
굳건히 자리 잡고 수많은 세월의 풍상을 견디어낸 백제의 표상 앞에
숙연함 마저 든다.

서동(백제 무왕)이 고향인 신라를 그리워하는 선화공주를 위해 만들었다는 궁남지! 인공연못 궁남지에는 버드나무가 물을 뿜어 올려 이제 막 잎을 내고 있고, 연못을 싱그럽게 가르는 제비 떼가 반갑다. 우리나라에서 가장 오래된 정원이라는 의미도 크지만, 연못을 파고 정원을 꾸미며 사랑하는 사람의 마음을 알뜰히 보살피던 무왕의 모습이 눈에 보이는 듯하다. 매년 7월 말이면 수많은 사람들이 서동과 선화공주의 사랑을 떠올리며 이 연못을 거닐고, 때맞추어 피어나는 연꽃 향기는 온 부여를 덮는다. 천 년을 넘어 전해지는 사랑 이야기와 바다 건너 일본으로 전해진 정원 조경 기술을 생각해 보면 백제는 아직 살아 숨 쉬는 것이 맞다고 해야 하지 않을까?

궁남지 ••••••

백제의 왕도였던 이곳 사비(부여)에서 백제인의 아름다운 몸짓을 조금 더 느껴보고 싶다면, 마음으로 느끼고 눈으로 그려보았지만, 좀 더 생생한 선조들의 목소리가 듣고 싶었다면, 충남국악단이 공연하는 토요상설 국악공연에 참여하여도 좋을 듯하다. 공연 내내 벌어지는 한바탕 야단법석과 흥겨운 가락 그리고 화려하고 다채로운 춤사위를 보고 있으면 절로 마음이 풀어짐을 느낄 수 있다. 부소산 일대 백제의 유물들을 보면서 느꼈던 감정들이 가슴속에서 일렁일 것이다.

백제 왕실의 무덤으로 추정하는 능산리 고분군으로 발걸음을 옮긴다. 123년 사비 시대 왕이 여섯 분이었고, 현재 고분군은 7기로 구성되어 있으니 대략 그 수가 비슷하다. 수많은 세월을 거치면서 대부분 도굴당하여 어느 왕의 무덤인지는 확인할 길이 없다.

대략 왕궁인 성터에서 십 리 정도 밖에 형성된 이 왕릉군은 동시대 신라의 왕릉군과는 묘한 대조를 보인다. 신라의 왕릉이 궁궐터인 '월성' 근처에 상당수 배치되어 왕궁 바로 지근에 있는 것과도 차이점이 있다. 또한, 무덤 규모가 신라 왕릉에 비하여 소탈하고 대중의 눈높이로 낮게 수그린 모습이 평온하고 정겹다.

능산리 고분군 바로 옆에는 성왕의 명복을 빌기 위해 건립된 왕실 사찰 능사(陵寺)가 있었고 지금은 복원 작업이 한창이다.

백제의 모습이 머릿속에서 아련하여 아쉬움이 많다면 '백제문화단지'로 발걸음을 옮기면 좋을 듯싶다. 이곳에는 사비궁, 능사, 고분공원, 위례성과 백제 시대 생활문화 마을을 재현해 놓고 있다. 우리나라

능산리 고분군 •••••

능산리 고분군 능사(재현물) – 백제문화단지 내 위치 •••••

삼국시대 궁궐 중 처음으로 재현된 사비궁으로 향하는 입구, 천정전에서 보면 그 거대함과 위용이 그대로 전해지는 듯하나.

같은 단지 내에 있는 '백제역사문화관'에 들리면 백제에 대한 다양한 궁금증을 해소할 수 있다. 이곳에는 재현되어 설명된 각종 유물을 살펴볼 수 있는데, 특히 눈길을 끄는 것은 불상들이다.

백제의 불상들은 한결같이 온화한 모습들이다. 둥그스름한 얼굴에 편안한 눈빛 그리고 엷은 미소! 하늘 아래 큰 근심과 걱정은 모두 내려놓고 있다. 엄하고 준엄한 표정이나 따라 하기 저어할 표정이 아니라서 중생들은 마음 편하게 소원을 이야기할 수 있다.

이러한 불상 가운데 한순간 나의 눈과 마음이 멈춘 곳은 재현된 '반가사유상' 앞이었다. 비록 재현품이지만 완벽하게 구현된 '백제의 미소' 앞에서 한참 넋을 놓고 쳐다보게 된다.

그리고 마음에 자리 잡고 있던 일본관광객의 문화 원류 찾기에 대한 궁금증은 자애로운 미소와 함께 모두 풀어졌다. 우리의 국보 83호 금동반가사유상과 일본의 국보 고류지(廣隆寺)의 목조반가사유상*은 결국 같은 뿌리가 아니던가?

---

* 교토에서 가장 오래된 고류지에 소장된 일본 국보 1호로 지정되었던 목조반가사유상. 한국의 붉은 소나무(赤松)로 만든 사실이 밝혀졌다.

여행,

3대 궁궐에 못다한 매력

백제 궁궐 입구 천정전(재현물) - 백제문화단지 내 위치 • • • • •

53

•••••• 한국 국보 83호 금동반가사유상

•••••• 일본 국보 1호 목조반가사유상

●충청남도●

부여군

6백제역사재현단지
7백제 관광 호텔
2낙화암
1부소산성
3구드래
9능산리고분군
조각공원
8정림사지
박물관
4궁남지
5국립부여
박물관

첫날

- 부여시티 투어(http://buyeotour.net) (1인당 17,000원, 입장료 포함)
- 부소산성, 삼충사, 낙화암, 고란사, 황포돛배, 구드래 나루터, 국립부여 박물관, 전통국악공연, 백제문화단지, 인삼 박물관
- 궁남지 방문(입장료 무료)
- 점심 개별 지불(시골 밥상 1인당 8,000원)
- 저녁: 인동초 회관(메뉴: 채소 불고기, 연잎 밥 정식 / 1인당 19,000원, T. 041-836-0096)
- 궁남지 연꽃밭을 구경했으면 이제 연잎 밥을 시식해보자! 밥에서 연꽃 냄새가 난다.
- 연잎 향이 밴 쌉쌀한 맛, 연잎 향이 가득 느껴짐.
- 채소 불고기: 여행객의 피곤함을 풀어주는 달곰한 맛. 고기 맛이 부드럽다.

···연잎 밥

···채소 불고기

둘째 날

- 정림사지(입장료 1,500원)
- 능산리 고분군(입장료 1,000원)

숙소

- 백제 관광 호텔(88,000원 주말 요금)
- 부소산성 기슭에 자리 잡고 있어 관광 후 호텔 이동에 편리함.
- 문화해설사를 동반한 설명과 국악 공연을 보려면 토요일에 방문해야 함.
- 미리 계획을 세울 수 있다면 '백제문화관광단지' 옆에 있는 '롯데 리조트 부여'를 추천함. 주말에는 빈 객실이 없을 수 있음.

···백제 관광 호텔

2. 자연의 숨결, 손짓, 품이 그리울 때

하동, 광양

봄과 생명의 시작, 섬진강 하얀 매화꽃 피는 마을,
봄의 소리와 냄새를 찾아 남녘으로

봄 햇빛이 땅을 서서히 감쌉니다. 어찌나 포근한지요! 겨울 찬바람은 창
밖 먼 곳에서 주춤하고 나른한 하품이 이 봄과 함께합니다. 이 볕은 곧 사
람들의 겨울옷을 무장 해제하겠지요!
봄빛은 엷고 얇게 온 대지를 비취고 있습니다. 고르고 편안하게 지난겨울
얼어붙었던 대지를 가만히 만지고 있습니다. 이 이상야릇한 노곤함과 포
근함에 대지도 겨울의 단단함을 이제 내려놓으려 합니다.
아! 이제 봄이 시작되려나 봅니다!

늘 출퇴근하는 자동차에 걸려 있는 비발디의 「사계」 중 '봄'! 이 짧은 작품은 마음을 지상에서 천국으로 올려주는 마법이 있다. 언제 들어도 마음에 즐거움이 샘솟는다. 가벼운 정장 차림으로 편안하고 안락한 의자에 앉아서 따뜻한 봄 햇살을 즐기는 상상을 이끌어낸다. 모든 일이 잘 풀리고 이루어질 것 같은 좋은 느낌을 준다.

봄을 기다린 지가 얼마나 되었을까?

봄빛을 온몸에 감고 졸졸 흐르는 시냇물과 강변에 노랑 물을 뿜어 올리며 봄을 기다리는 개나리의 도열…… 비발디의 음악은 더욱 선명하게 '봄'을 부각시키고 있다.

불과 수초를 못 기다리고 인터넷 클릭으로 장면을 바꾸는 우리가 아닌가? 이러한 현실을 감안할 때 겨울에서 봄으로 넘어가는 계절의 전환은 얼마나 더디고 참기 어려운가? 하지만 그저 속절없이 기다림 외에 인간이 할 수 있는 것이 무엇이 있는가?

자연에 순응할 수밖에 없지만, 기다리다 지치면 봄의 소리와 냄새를 찾아 남녘으로 찾아 나서는 방법도 있다. 그 미미하지만 확실한 자연의 섭리를 찾아 남녘으로 길을 잡는다.

봄 하면 가장 먼저 떠오르는 곳은 남녘 쪽일 테지만, 나의 머릿속에는 오래전부터 "섬진강을 따라 하얀 매화꽃 피는 마을"이 맴돌곤 했다. '봄과 생명의 시작', '섬진강이 주는 다정한 어감', '봄을 가장 먼저 알리는 매화'…… 이런 단어들은 얼마나 사람을 따뜻하게 만드는지!

•••••• 수수하고 소탈한 섬진강

　슈베르트의 탱고 「세레나데(Serenata)」를 듣고 있으면 나른하면서
도 그리고 노곤한 봄이 다가옴과 봄기운을 깨고 피어나려는 대지의 전
령들이 떠오른다. 부드럽게 대지를 감싸며 흘러내리는 섬진강을 보면
슈베르트는 더욱 가까이 다가선다.

　아! 이 길은 독일의 로맨틱 가도(Romantic Street)보다 훨씬 정감
있고, 전라도의 수많은 마을을 감싸며 흘러온 까닭에 사연도 많다. 그
수수하고 소탈한 경치는 세상의 어느 강변로들과도 감히 비교할 수 없
을 정도다.

진안군에서 출발한 섬진강이 전라북도의 땅들을 적시고, 지리산 자락을 휘돌아 전라남도로 접어들면 구례에 도착한* 섬진강은 이곳에서 마법과 맞닥뜨리는데 마을 가득 뿌려져 있는 노란 봄의 화신 '산수유'가 그것이다.

골짜기와 마을 전체, 지리산 아랫기슭까지 노랗게 물들이는 이 산수유 물결이 중국 산둥에서 온 처자가 한 그루 산수유를 심으면서 시작되었다고 하기에는 믿어지지 않는다.

산수유를 바라보면 잔잔한 봄의 파장이 느껴진다. 그리고 바흐가 생각난다. 바흐

구례 산수유 마을 ‥‥‥

의 무반주 첼로 모음곡에서 느껴지는 서정성은 이제 봄을 마음으로 받아들여도 좋다는 속삭임 같다. 느긋하면서도 편안하다. 이제 막 피어나는 꽃망울도 그리고 이를 바라보는 사람도 봄을 만끽해도 좋을 듯하다.

---

* 전라북도 진안군 백운면에서 발원하여 전라북도와 남도를 거쳐 남해의 광양만으로 흘러드는 강. 212.3㎞로 우리나라에서 아홉 번째로 긴 강.

여리지만 밝고 보드라운 색!
눈 녹은 맑은 물소리, 그리고 지천으로 풀어져 있는 따듯한 색감!
노란색 봄의 기운을 대지 위로 퍼 올리는 산수유 마을!
먼 지리산 둥그스럼과 조화롭다.
노란색 물감 사이를 가르며 사람들이 향연에 잠겼다.
길가에 산수유 꽃 터지는 소리가 들리는 듯하다.

이 꽃들을 보고 있으면 "구례 처녀는 산수유를 물어 깐 덕에 입술이 붉고 예뻐서 최고의 신붓감이었다."는 이야기가 현실처럼 다가선다.

•••••• 산수유 그리고 봄

슈트라우스(Strauss)의 「봄의 소리」를 들으면 살짝살짝 들썩이듯이 발걸음을 옮기며, 군무를 추는 귀족들의 쾌활한 즐거움과 웃음이 떠오른다. 더불어 불어오는 훈풍 속에 봄을 찬양하는 만물의 신선한 소생이 느껴진다. 나는 슈트라우스의 음악을 들으며 매화꽃을 상상해 본다.

이 찬란한 자연의 봄빛을 매화꽃으로 피워 올려,
인간 세상에 천상의 봄이 왔음을 알려주네!
산기슭에 가득한 매화꽃들이,
이제는 매화 마을에 온 수많은 사람들 가슴에 환하게 불붙었다.
아! 이제 봄이 왔다는 것을 모르는 사람은 없다.

매화 마을에 가득한 찬연한 빛,
겨울을 묵묵히 기다려온 수많은 매화나무!
그리고 그 꽃잎들이 빚어내는 자연의 향연 앞에
그저 우리는 경탄스럽고 무척 좋다는 말만 연방 내놓는다!

사실 매화는 난초, 국화, 대나무와 함께 사군자로 칭해지며 사랑받아왔다. 추위를 뚫고 가장 먼저 꽃을 피워내는 강인함과 우아하면서도 아름다운 자태는 외유내강의 전형적인 선비상과 닮아 있다.

메마르고 황량한 겨울 산하에 펼쳐진 매화 자태는 뼛속까지 남아 있는 겨울 한기를 몰아내기에 충분하다.

•••••• 봄을 알리는 매화꽃

　하지만 "매화는 깃털이 떨어지는 소리를 들을 만큼 마음을 가다듬
어야 비로소 향기의 진수를 느낄 수 있다."는 어느 시인의 말처럼 매
화 속 깊은 내음을 맡기란 여간 쉽지가 않다.

　언젠가 봄, 부모님을 모시고 광양 매화 마을에 갔었다. 꽃과 부모
님 얼굴이 같이 밝아지는 것을 보고 정말 기쁘기도 하고 한편으로 너
무 죄송스럽다는 생각을 함께했다. 진작 한번 모실 것을! 그때 부모님
은 무한히 하늘거리는 매화꽃에도 마음을 주셨지만, 매화의 결실인 매
실을 비밀스럽게 숙성시키는 엄청난 장독대를 보고도 감탄하셨다.

홍쌍리 청매실 농원의 장독대 ••••••

•••••• 홍매화

　이후 우리 본가에도 큰 변화가 있었다. 아버님은 매화나무를 심으
셨고, 몇 년 후부터는 실한 매실을 거둘 수가 있었다. 이제는 매실 꽃
을 보는 기쁨 외에도 정성껏 가꾸신 매실을 거두셔서 자식들에게 나눠
주시는 행복까지 누릴 수 있다고 말씀하신다.

　우리 집에도 매실로 담근 매실청과 매실 장아찌가 그 후부터 끊
이지 않고 식탁에 오르고 있다. 매화꽃의 산물인 녹색의 단단하고 싱
싱한 매실은 우리 가족의 건강 지킴이 역할도 톡톡히 해내고 있는 셈
이다.

　　매화꽃 숲 속에서 나를 더욱 못 가게 잡는 것은 영롱한 색채를 뿜
어내는 홍매화 때문인지도 모른다. 거친 겨울 땅속 어디에 이런 황홀
한 빛을 숨겨두었다가 펼쳐 보이는 것일까? 이 꽃만 보고 있으면 이곳
이 천상이라고 해도 믿을 수 있을 것만 같다.

　　정자에 앉아 잠시 마음을 가다듬는다. 천상 같은 매화 마을을 가장
온전히 가지고 가는 방법은 마음과 눈으로 열심히 담는 수밖에는 없기

매화 마을의 빛 •••••

때문이다. 찬찬히 마음에 담고, 눈을 감고 그 모습을 그리고, 다시 눈을 뜨고 확인하기를 여러 번, 이제 아쉽지만 돌아가도 될 것 같다!

하늘이 점지해준 풍요한 땅과 봄이 처음 오는 이 고을에 어찌 비옥함과 풍성함이 빠지겠는가? 박경리 소설의 무대가 된 악양 들판 위에 자리 잡은 최 참판 댁에 올라 평야를 내려다보면 이곳은 가난과 배고픔 없는 신이 내린 약속의 땅 같은 느낌이 든다.

고향 통영의 양지바른 언덕에 묻혀 계시는 박경리 선생의 묘와 기념관을 다녀온 적이 있었다. 소설 '토지'는 본인에게는 형벌과도 같았다고……. 26년간 오직 소설만 부여잡고 사셨다는 말씀이 가슴에 와 닿는다. 이렇게 형언하기 힘든 봄의 감동과 자연의 넉넉함, 푸근함 그리고 그곳에 깃들어 사는 인간들의 모든 사연들을 어떻게 소설에 녹여 쓰셨을까?

저 멀리 섬진강이 부드러운 손길처럼 훑고 지나간다. 오늘도 순박한 여러 골짜기를 거쳐 온 섬진강은 광양만 바다로 향하고 있다.

내 마음속에 고이 간직한 화첩 속에는 맑디맑은 섬진강에 깃들어 사는 은어도, 유리알처럼 고운 강바닥을 수놓은 재첩도, 작설차가 영그는 차밭도 같이 담았다.

같은 시기에 개화하지 않는 까닭에 매화와 벚꽃을 동시에 보지는 못하지만, 이미 내 마음속 쌍계사 가는 십 리 길에는 벚꽃 터널이 펼쳐지고 장관을 이루고 있다.

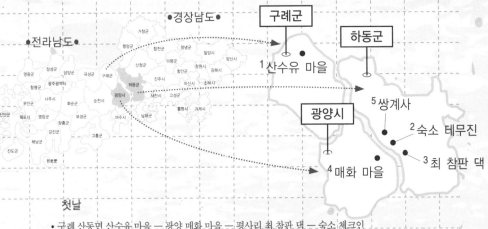

전라남도● ●경상남도●

거창군

함양군 합천군 창녕군 밀양시 양산시

장성군 담양군 곡성군 산청군 의령군 함안군 창원시 김해시

구례군

영광군 광주광역시 구례군 하동군 진주시 마산시 진해시

함평군 나주시 화순군 순천시 광양시 사천시 고성군

무안군 보성군

신안군 목포시 영암군 장흥군 여수시 남해군 거제시

강진군

진도군 해남군 통영시

완도군 고흥군

구례군 → **하동군**

1 산수유 마을

5 쌍계사

2 숙소 테무진

광양시

3 최 참판 댁

4 매화 마을

첫날

- 구례 산동면 산수유 마을 — 광양 매화 마을 — 평사리 최 참판 댁 — 숙소 체크인
- 저녁: 다슬기 수제비, 전
- 섬진강 다슬기(다슬기 수제비 6,000원, 다슬기 전 10,000원, 토지면 보건지소 옆 토지초등학교 맞은편, 061-781-9393)
  - 다슬기 전은 다슬기가 콕콕 박혀 있는데 빼먹는 맛이 좋음. 바삭한 맛도 근사함.
  - 녹색 빛이 도는 수제비는 찬바람 맞고 꽃구경 다니던 언 몸을 풀어 주기 제격이다.

둘째 날

- 쌍계사 — 화개장터
- 점심: 벚굴회(벚굴회 小 30,000원, 재첩회 비빔밥 15,000원, 소현정,
  화개장터 입구, T. 055-883-9058)
- 일반 굴에 비하여 비린 맛은 덜하고, 부드럽게 입안을 감돈
  다. 우유처럼 부드럽다. 찐 벚굴도 맛이 괜찮다.
- 뽀얗게 푸른 빛 도는 재첩국! 섬진강 바닥을 기어 다니던 녀석
  의 깊고 진한 맛이 느껴진다. 재첩과 부추의 조화 속에 시원한
  국물 맛이 참 좋다. 바다 냄새도 나고 민물 냄새도 가진 듯한
  재첩국, 오늘도 수많은 사람의 속풀이를 해주고 있다.

··· 소현정 벚굴

＊벚굴

섬진강 하구와 바다가 만나는
곳에서 사는 강굴, 벚꽃 필 무렵
3~4월이 가장 맛있어서 '벚굴'이
라 불림. 바다 굴의 5~6배 정도
크기다.

숙소

- 하동 테무진 펜션(100,000원, 금요일 주말 요금)
- 쌍계사 계곡에서 흘러나오는 샛강을 창문에서 바라볼 수 있고
  베란다에서 바비큐 가능함.
- 화개장터와 가깝고 근처에 편의점이 가까우며 방도 깨끗하지
  만, 방음이 덜 되어 아쉬움.
- 쌍계사 벚꽃 길의 시작점에 있어 벚꽃 피는 계절에는 벚꽃 구경
  하기 좋은 위치임.

··· 하동 테무진

보성

비단결 같은 차밭이랑 물결, 온 산 가득한 차 향기,
천상을 향해 쌓은 초록의 제단

천상을 향해 쌓은 초록의 제단! 5월 하늘을 향한 연초록의 군무!
굽이굽이 부드러운 비단결 같은 차밭이랑의 물결! 온 산 가득 차 향기
품어내는 자연의 향연 속에 잠시 머물고 싶지 않은가?

구불구불 내 마음의 심연으로 내려가, 마음 바닥에 있던 나를 어루
만지고 싶을 때 어디가 제일 먼저 떠오르는가? 그 연초록 융단 위에
무거운 마음 잠시 누이고 싶지는 않은가? 근경에서 원경까지 펼쳐진
무한대의 초록 세상이 득량만에 이르러 드디어 바다와 만나는 장관을
선사하는 곳! 오월이 되면 단연코 신선한 찻잎들이 물결치는 보성이
생각난다.

•••••• 운무에 쌓인 낙안읍성 전경

　보성으로 향하는 길, 초록 바다에 빠지기 전에 잠시 '낙안읍성*'에 들린다. 본격적인 감흥에 젖기 전에 준비운동일 수도 있고, 초록 바다에서 나를 잃지 않기 위한 마음의 중심 잡기일 수도 있다.

　가는 비와 연무가 나지막이 가라앉은 낙안읍성에 도착했다. 동글동글하고 폭신해 보이는 이엉을 머리맡에 가볍게 살짝 걸치고 있는 초

---

* 조선 태조 6년(1397년) 김빈길 장군의 토성 축조로부터 시작된 조선 시대 대표적인 계획 도시. 2013년 120세대 288명의 주민이 성내에 거주하고 있음. 성곽길이는 1,410m임. 세계문화유산 잠정목록 등재, CNN 선정 대표 관광지 16선, 문화재청 선정 가족 여행지 32선.

가집들! 부드럽고 담백해 보이는 이 시골의 작은 곡선 위에서 나의 시
선은 좀처럼 다른 곳으로 옮기질 못한다.

스페인의 도시 투어에서 보았던 어마어마한 건물들, 부조물들, 석
상들도 대단했었고, 대영제국의 상징인 버킹엄 궁전, 윈저 궁전의 위
용은 하늘을 찔렀다. 이탈리아 베네치아가 자랑하는 수상 도시의 신기
함은 또 어떠한가? 하지만, 하지만…….

나는 이렇게 소담하고 담백한 초가지붕들이 만들어내는 작은 곡선
들과 부드러움에 넋을 놓아버렸다. 그 초가 안에는 어려웠던 시절, 살
을 부비며 삶의 고비를 같이 넘겼던 선조들이 계시고, 도란도란 즐거
운 이야기 같이 나누던 형제자매들이 있을 것 같다. 그리고 우리네 할
아버지 할머님이 금방이라도 사립문을 열고 마중 나오실 것 같다.

마음을 빼앗은 초가집 지붕은 하염없이 이 장면에서 저 장면으로
나를 집집마다 데려가며 이야기꽃을 피우고 있다. 편안하고 아늑하
다! 도시에서 늘 보던 직선과 직각 그리고 햇볕이 쨍하고 튕겨 나오던
비정한 대형 유리창에서는 느낄 수 없던 안락함이다. 이야기는 먼 산
봉우리 끝 구름 자락에 다가서서야 끝났다.

높다란 산을 뒷배로 차디찬 기왓장으로 무장한 동헌(東軒)은 그 위
세가 대단하다. 부드럽고 동그랗던 초가집에 익숙해진 눈길은 그 위용
에 한없이 위축된다. 그 옛날 민초들은 어떠하였을까? 과연 아무 거리
낌 없이 동헌을 그리고 뒤에 진을 치고 있는 높다란 산을 이곳 마당에
서 마음껏 쳐다볼 수 있었을까?

•••••• 마을 골목길

　마을 길 안쪽을 따라 걷다 보면 시간여행을 온 듯하다. 장난기 가득한 동네 꼬마 녀석들이 골목 어귀에서 놀이에 열중하고 있고, 아버지는 큰 지게에 한 짐 풀을 해서 막 골목으로 접어드는 듯하다. 이제 저녁 무렵이 되면 밥 짓는 연기가 동네에 가득할 것이다!

　빗방울이 떨어지는 낙안읍성 초가 밑에 앉아 처마 끝을 바라본다. 빗방울 떨어지는 이곳에 도심의 번잡함과 소음은 저만치 있다. 볏짚 이은 처마와 대청마루 건너편으로 똑똑 떨어지는 빗방울! 이러한 광

'연지' 연잎 위에 맺힌 빗방울 ••••••

경은 요즘 도시에서는 참 보기 어려운 우리의 본래 모습이 아닌가?

연꽃지 연잎 위에 보석 빗방울이 맺혔다. 이렇게 황홀하게 아름다운 자연의 보석을 과연 도시 어느 보석에 비교할 수 있을까?

낙안읍성을 뒤로하고 보성에 도착하여 꿈결로 그리던 녹차 밭을 마주한다.

대한다원*의 차밭 굴곡은 원초적 태고의 부드러움을 지니고 있다. 곡선들은 빠르지 않고 재촉하지도 않는다. 편안하고 완만한 굴곡을 지녔을 뿐이다. 복잡한 마음을 가지고 와서 그저 생각 없이 완만한 골목만 잠시 따라가다 보면 자신도 모르는 사이 근심의 몇 자락을 밭고랑

---

* 1939년 개원한 50만 평의 국내최대 다원. 2012년 CNN 선정한 '한국에서 꼭 가봐야 할 관광지 50선'.

75

여행,

내 마음의 안으로 떠나는

•••••• 차 밭의 부드러움

사이에 놓아버릴 수 있다.

580만 그루의 차나무가 한 정성으로 오월의 순한 하늘과 대지의 온화함만 받아들이고 있다. 무한히 찻잎을 비추는 햇볕을 편안한 몸짓으로 즐기고 있다. 불어오는 바람결에 맞추어 잎을 뒤척일 때만 이들의 한없는 휴식이 잠시 흩어지는 것 같다. 이런 마음으로 자란 찻잎들이 무엇이든 빨라야 하는 현대 인간들을 치유하는 것은 너무도 당연한 이치가 아닌가?

한 치의 빈틈도 없는 차밭에서 성장을 위해 치열한 경쟁을 벌일 만도 하지만, 정제되어 있고 한결같은 이들의 군무 앞에 그저 인간은 한없이 배워야 하는 존재라는 사실이 다시금 새롭다.

녹차 밭 정상에 올라보면 득량만 해풍이 보성의 산기슭을 타고 오르는 기운이 느껴진다. 녹차 밭을 병풍처럼 둘러싼 늘씬늘씬한 삼나무들은 끈끈하고 눅눅한 해풍을 특유의 친화력으로 걸러낸다. 삼나무 숲을 지나는 바람은 이제는 알맞은 습기를 지닌 향내 나는 봄 훈풍으로 정화되어 녹찻잎에 닿는다. 찬바람과 습기를 제거한 안락한 기운만 녹찻잎을 가볍게 쓰다듬고 어루만진다.

녹차 밭 가운데 마음을 가만히 내리고 멈추어 본다. 봄의 훈풍이 알맞은 손길로 내 얼굴을 매만진다. 편안하고 안락한 자연의 손길이 느껴진다. 싱싱한 녹찻잎이 삭막한 내 마음에도 그리고 내 몸에서도 자라는 듯하다.

•••••• 녹차가 꿈꾸는 세상

고랑 고랑 익은 새 혓바닥 같은 작은 초록 잎들이여!
한겨울 찬 기운이 가시기도 전에,
천상의 마음 치료제를 온 세상에 풀어놓는 그대들은,
진정 우리가 꿈꾸는 세상으로 데려 가기 충분하다!

조금 마음이 편안해지면 차밭 거닐기를 시도해 볼 일이다. 찻잎들과 일치된 나를 발견할 때, 더 이상 마음치료라는 단어는 떠올리지 않아도 된다. 그리고 잠시 서서 다시 산비탈마다 곡선을 그리고 밭이랑을 무심한 시선으로 쫓아가 보자! 아직도 마음에 근심이 남았는가?

깊은 산골 가운데 은밀하게 묻혀서 이슬과 바닷바람만 먹고 자란 녀석들이 꿈꾸는 세상은 확연히 지상의 다른 생명과는 차이가 있다. 인간의 마음을 잘 다스리는 것은 이러한 이유 때문이리라!

삼나무를 비켜난 오솔길 따라 녹차 밭을 내려간다. 눈과 마음속에 이미 충만한 자연의 정수가 가득하다. 코끝에는 우전차(雨前茶)*의 향기가, 입가에는 작설차(雀舌茶)**의 알싸한 맛이 느껴지는 듯하다. 이제 한 해 내내 끓여내는 엽차***에서도 이들을 느끼며 살 수 있을 것이다.

> 녹차 한 잔을 마주하고 앉는다.
> 마음속에 녹차 바람이 분다.
> 마음속에 보성 산기슭의 해풍이 인다.
> 눈을 감아도 그 어린 녹색 잎들이 눈앞에 가득하다.

녹차 기슭을 노닐다 득량만으로 내려오면 율포해변을 만난다. 이곳에서 바닷물과 녹차가 한몸이 된 '해수 녹차탕'에 몸을 담가 보면 어떨까?

---

* 양력 4월 20일(곡우) 전에 차의 첫잎을 이용해 만드는 차.

** 5월 상순에 찻잎이 아직 펴지지 않은 상태에서 따서 만든 차. 세작(細雀)이라고도 함.

*** 6~7월 굳은 잎을 따서 숭늉 대신 끓여 마시는 차를 지칭함.

카데킨, 각종 비타민, 미네랄 성분을 포함한 '녹차'와 염화나트륨, 칼슘, 마그네슘 등 30여 가지 이로운 물질로 구성된 '해수'가 혼합된 '해수 녹차탕'은 연한 다크 초콜릿 색깔을 띠고 있다.* 그 진한 유혹 속으로 온몸을 맡겨본다. 도심에서 가져온 걱정과 근심 그리고 마음의 노폐물을 모두 녹여 버릴 수 있다. 넓은 창을 통하여 잘 조림된 해송과 바다를 같이 보는 재미도 쏠쏠하다.

비워진 몸과 마음이 못내 허전하다면 녹차 먹인 돼지 '녹돈'**을 맛보는 건 어떨까? 오늘, 나는 녹차로 관통되는 하루를 경험하고 있다.

…… 득량만의 바닷소리가 철썩인다. 소나무를 찾아 재잘거리는 참새 떼에 귀를 내어주다 보면 아침이 다가서 있다.

철썩이는 파도 소리가 청량한 아침이다. 햇살이 포구의 머리맡을 비추고 있고, 어제 녹차 밭에 감돌던 운무는 그저 꿈속 일인가 싶도록 화창한 아침이다. 해수 녹차탕의 효험이 있었나 보다! 달고 깊은 잠을 잤다. 아침 눈부시게 환한 베란다에서 득량만의 아침을 맞는다.

먼 훗날 5월 싱그러운 녹차 밭의 향연과 부드럽게 철썩이는 파도 소리를 듣는다면 이곳 보성을 떠올리리라!

---

* 해수 녹차탕은 신경통, 관절염, 각종 염증, 알레르기에 효능이 있고, 신진대사를 촉진시키는 작용을 한다. 120m 암반층에서 끌어올린 해수를 사용한다.

** 녹찻잎을 사료에 혼합하여 돼지 사료로 사용함. 육질이 연하고 콜레스테롤 함량이 적다. 또한 고기 잡내가 나지 않는 특징이 있다.

•전라남도•

순천시

보성군

1 낙안민속마을

영광군 장성군 담양군 곡성군 구례군
함평군 광주광역시
나주시 화순군 순천시 광양시
신안군 부안군 영암군 여수시
목포시 장흥군
강진군 고흥군
진도군 해남군
완도군

3 한국 차 박물관

2 보성 녹차 밭

4 다비치 콘도

첫날

•••• 낙향정 백반

- 낙안읍성(입장료: 1인당 2,000원)
- 한국 차 박물관(입장료 1인당 1,000원 / 낙안읍성 → 보성 대한다원까지
약 54분, 총43.49km / 전라남도 보성군 보성읍 녹차로 763)
- 점심: 낙향정 3호집(백반 1인분 8,000원, 녹두 빈대떡 7,000원)
- 초가집 지붕 위로 쏟아지는 빗줄기, 비를 피해 초가에 한 칸 차지하고
앉았다. 음식도 좋지만, 빗소리와 이곳 문밖 경치가 훨씬 좋다.
- 맑은 된장국이 시원하고 맛있다.
- 비를 맞으며 빈대떡 한 장 먹는 맛도 괜찮다.

•••• 삼겹살

- 저녁: 보성 한우직판장(삼겹살 13,000원, 상차림 1인당 3,000원 T. 063-853-
5266)
- 삼겹살이나 한우를 사서 상차림 음식과 같이 먹는다.
- 후식으로 녹차 냉면은 어떨까? 과일은 셀프로 넉넉히 제공된다.

숙소

- 보성 다비치 콘도(117,000원, 주중 금액, T. 063-630-7121)
- 율포 해수욕장 바로 앞이라 객실에서 해송과 바다 조망이 가능하고
산책하기도 좋음.
- 1층에 해수 녹차탕을 할 수 있는 '해수테라피 사우나'를 이용하는
것도 좋음.

•••• 보성 다비치 콘도

- 가족 단위 나들이에 식사와 조리가 가능하며, 외부에 바비큐 시설
이 있음.
- 해수 녹차탕(1인당 4,000원, 보성 다비치 콘도 투숙객 할인)

태백

낙동강의 고향, 감성을 자극하는 바람 소리,
동서남북으로 산맥이 펼쳐지는 전설의 땅

기차를 타고 가다 보면 삼랑진에서 원동을 거쳐 물금으로 이어지는 도도하고 유유한 강굽이를 접할 수 있다. 좌우로 도열한 산맥 사이를 넓은 강폭을 가지며 몸 트림조차 하지 않고 남으로 남으로 흐르는 낙동강을 보며 그 유장함과 넉넉함에 한참 넋을 잃게 된다. 그러다 문득 이런 생각에 이른다. 도대체 이 큰 강의 시작은 어딜까? 어떤 모습으로 시작하였기에 이런 대단한 모습을 일구었을까? 남한에서 제일 크다는 낙동강에 대한 궁금증은 이렇게 기차를 타고 가던 나에게 다가왔다. 언젠가는 꼭 그 시작과 출발점에 가보리라! 그곳에서 이 엄청난 강물의 시원(始原)을 확인하리라! 내 마음속에 오랫동안 간직한 궁금증 하나를 해소하기 위해 태백으로 향한다. 낙동강과 한강이 시작되는 곳! 그 비밀의 땅을 향해 가는 길에 마음의 두근거림이 함께한다.

사람의 인생은 참 알 수 없고 생각지 못한 인연의 연속임이 틀림없는 것 같다. 기차를 타고 가다 삼랑진 근처에서 처음 낙동강을 보고 큰 매력을 느꼈다. 그 후 한참 세월이 흐른 뒤 나는 거짓말처럼 낙동강가의 '물금'이라는 지역에 살게 되었다. 아이들과 아내가 부산 외할머니 댁에 나들이 다녀오는 날이면 마중을 하러 조그마한 시골 역사인 물금역에 가곤 했다. 물금역에 가면 푸른 물빛 사이를 아름다운 곡선을 그리며 지나가는 열차가 늘 마음속에 그려지곤 했다. 기차는 삼랑진, 원동, 물금 지역을 관통하며 봄부터 시작되는 매화향, 초여름의 딸기 냄새, 여름의 시원한 강내음을 실어 나르고 있었다. 그때 푸른 기억들이 수십 년의 세월을 건너뛰어 아직도 가슴에 생생하다. 그 기억 가운데 늘 넉넉하게 흐르는 낙동강! 낙동강의 출발점을 찾으러 가는 길에 나의 오래된 낙동강 향수가 마음 가득 밀려온다.

태백시에 접근했다는 표시는 도로 주변에서 만날 수 있는 도시 슬로건으로 확인할 수 있다. "산소 도시 태백!" 마음과 영혼을 맑게 해줄 것 같은 기대감이 생긴다. 도로 주변에 빽빽이 서 있는 침엽수림을 따라 드라이브를 하다 보면 마치 노르웨이 어디쯤인가 숲을 통과해서 북유럽의 중심으로 다가가고 있는 느낌이 든다. 산소 같은 도시! 청정 공기를 폐부 속으로 한껏 들이켜본다. 깨끗하고 화한 맛이 난다. 박하사탕 한 알을 먹은 후 가슴 속에 남는 시원한 맛과 같은 여운이 은은히 가슴에 가득하다.

　태백은 이상적인 고원도시다. 태백산맥 협곡지대인 해발 600~1,500m에 있으며, 도심 평균 해발은 650m다. 기후 역시 고랭지 기후와 산지기후를 보이며 전형적인 내륙산간지대의 특성이 있다. 해발 700m 이상의 고지대에는 모기가 살지 않는다. 여름철의 대명사처럼 우리를 괴롭히는 모기에서 해방되어 마음껏 자연을 즐길 수 있다는 것은 생각만으로도 기분이 좋다. 더불어 폭염, 열대야, 모기가 없는 '3무'의 도시답게 여름철에는 에어컨과 선풍기가 필요 없는 국내 유일의 도시다.

　태백의 심장을 가장 잘 느낄 수 있는 곳은 매봉산(1,303m) 자락의 풍력발전단지와 고랭지 배추밭이 있는 일명 '바람의 언덕'이 아닐까? 한여름으로 접어드는 오월의 마지막 주! 대도심은 이미 30도가 넘었다고 뉴스에서 아우성이다. 하지만 이곳은 맹렬한 바람과 찬 기운 덕분에 잠시만 바람에 몸을 맡겨도 서늘한 기운이 전신을 감싼다.

　우리나라에서 가장 높은 산맥을 넘는 바람의 위세가 대단하다. 풍력 발전을 위한 바람개비가 위협적인 소리를 휙휙 내며 이곳이 바람골이라는 사실을 증명하고 있다. 정상으로 천천히 올라가는 길! 차를 밀어붙이는 바람의 힘과 엄청난 소리에 원초적인 두려움이 느껴진다.

　하지만 두려움 이면에는 무언가 시원함도 함께한다. 규칙적으로 쳇바퀴 돌듯 원을 그리는 바람개비는 마음의 바닥까지 썩썩 저어주고 있다. 젓고 저어서 마음의 위와 아래가, 그리고 좌와 우가 완벽하게 동화되게 해준다. 그리고 진정한 나의 모습과 걱정의 실체들을 적나라하게 드러낸다. 마음 전체에 웅크리고 있던 원망과 미움 그리고 현실적인 절망들을 모두 끄집어 올려 관조할 수 있다면 그것으로 마음은 편해질 수 있다. 감성을 자극하는 바람은 규칙적으로 풍차 날개의 원을 만들어 내고 있다.

바람이 많은 곳! 네덜란드의 잔세스칸스(Zaanse Schans) 풍차 마을을 다녀온 적이 있다. 이국적인 풍경의 풍차들이 푸른 초원 위에 아기자기 모여 있고, 그 사이를 마치 동화 같은 실개천이 굽이쳐 흐르고 있었다. 풍차와 사람은 하나처럼 보였다. 풍차 안에 사람이 살고 있고, 사람에게 필요한 도구로서 풍차는 철저히 오래 세월을 아날로그적으로 천천히 사람과 호흡을 맞추고 있었다. 그곳에서 풍차는 차가운 현실을 따듯한 감성으로 덮어주면서 인간의 마음을 편안하게 하는 역할을 하고 있었다.

하지만 매봉산 '바람의 언덕'은 좀 더 거칠고 직선적이다. 휙휙 위협적인 소리를 내며 거칠게 돌아가는 바람개비며, 백두대간에서 낙동정맥이 분기하는 고산지대가 주는 광활함은 남성적이며 친절함과는 거리가 있다. 그렇지만 이곳은 마음의 바닥까지 가라앉아 있는 감정의 찌꺼기를 모두 끌어올려 생각해 보게 할 수 있는 힘이 있는 곳이다

여행,

강원 정선의 10일간의 몽상기

매봉산 바람의 언덕(채소 단지)

마음속까지 시원하다. 사방이 거칠 것이 없는 전망! 정상에서 보는 산맥들은 황소의 등처럼 굽이쳐 동서남북으로 퍼져나간다.

산 정상에서 산허리 모두에 걸쳐서 만들어진 융단 같은 40만 평 고랭지 채소밭 역시 장관이다. 배추는 보통 4~5월 파종하여 7~8월 수확한다. 파란 하늘을 배경으로 초록색 배추밭 사이를 걷고 있는 상상만으로도 마음은 느긋하고 편안하다.

고등학교 시절! 공부를 독려하는 선생님의 말씀이 귀에 들어올 리가 없었다. 이미 뇌는 인지 한계에 달해 있던 상황이라 어떤 대단한 학설이나 공식도 지적 흥미의 대상이 되지 못했다. 두뇌의 남은 공간에 그저 매일 지식을 밀어 넣는 마치 출근 시간 만원 전철과 삶은 닮아 있었다. 그러던 어느 날 선생님께서 수업시간에 이런 말씀을 하셨다.

"사람의 작은 마음 먹기에 따라 결과는 상상할 수 없이 달라질 수 있다. 태백산맥 있지? 이곳에 떨어지는 빗물은 조그마한 차이로 동해로 가기도 하고, 남해로 그리고 서해로도 갈 수 있단다. 힘들더라도 조금만 긍정적으로 생각하고 원하는 방향으로 갈 수 있도록 하렴."

그렇다. 태백산맥에 떨어지는 빗물은 이곳 삼수령(三水嶺)에서 운명을 정한다. 조금만 몸을 비틀어 서해로 향하면 한강을 따라 서해로 굽이굽이 514km 여정이 시작되고, 눈빛만 남쪽으로 돌려도 남녘의 강산을 휘돌아 부산에 닿을 수 있다. 그뿐이랴! 쪽빛 바다가 그리워 동쪽을 향하면 구슬 같은 물이 흐르고, 연어를 불러 모으는 오십천을 따라 동해로 갈 수 있다. 인생의 이치가 이러하지 않은가? 작은 결심, 작은 생각이 시간의 강을 따라 커다란 인생의 결과를 만들지 않는가?

태백 여행의 단초가 되었던 낙동강의 시작점인 황지 연못으로 향한다. 황지는 '하늘못'이라는 의미로 '천황(天潢)' 또는 '황지(潢池)'로 불렸다. 태백을 둘러싼 빽빽한 고산준봉들이 자신의 몸으로 정화시킨 방울방울의 물은 고원 분지 형태인 이곳 태백으로 모인다. 수많은 산들이 지성을 들여 깨끗이 만든 물을 태백은 다시 한 번 서늘한 땅속에 간직한다. 머금은 물을 순결한 원시 상태로 돌려놓은 후에야 태백은 황지 연못을 통하여 용출시킨다. 이렇게 황지에서 솟아나는 물은 태백 산맥의 정수이자 순결함 자체다. 경상북도, 경상남도를 거쳐 부산의 을숙도에서 남해로 유입될 때까지 수많은 민초들과 대지를 적시어야 할 소중한 물이기에 깨끗하고 순수한 물 만들기에 태백의 산들은 지극정성을 들인다. '물금'에서 보았던 유유하고 도도했던 낙동강의 시작점을 앞에 두고 나는 시선을 거둘 수가 없다. 내가 낙동강가 '물금'에서 만든 삶의 추억처럼 얼마나 많은 사람들이 강에 기대어 살고, 강의 추억을 가지고 있을까? 그리고 얼마나 많은 사람들이 그 강의 시작점을 궁금해하고 그리워할까? 깊은 산 속 옹달샘에서 은밀히 뿜어져 나오는 시작점이 아닌 낙동강은 그야말로 당당하게 시내 한가운데서 그리고 너무도 장대하게 강의 근본을 만들고 있다. 낙동강의 고향, 그리고 생명의 발원지에서 나는 한없이 시작이라는 고귀한 의미를 곱씹는다.

황지 연못은 시내 한가운데 황지 공원에 위치한다. 가운데 다리를

황지 연못 •••••

중심으로 둘레가 각각 100m, 50m, 30m인 상지, 중지, 하지 3개의 못으로 구성되어 있다. 연못에서는 하루 5,000톤의 물이 쏟아나오며 강원도 지하에서 뿜겨져 나오는 청정한 물을 방증이라도 하듯 15도의 서늘한 온도를 지니고 있다.

요정이라도 있을 것 같은, 한국에서 가장 깨끗한 물 100곳 중에 하나인 이곳에 어찌 전설이 없겠는가?

황지에는 황씨 성을 가진 노랭이 부자에 얽힌 전설이 전해진다. 시주를 청하는 노승에게 황 부자는 시주대신 쇠똥 한 바가지를 던진다. 돌아서는 노승에게 이 집의 며느리가 미안한 마음에 공손히 시주를 올린다. 노승은 며느리에게 집의 운명이 다 했으니 아이를 업고 따라나서되, 무슨 일이 있어도 뒤돌아보지 말기를 청한다. 한참을 지나 현재의 '도계'에 이르렀을 때 뇌성벽력 소리가 나고 땅이 갈라진다. 며느리는 당부를 잊어버리고 뒤를 돌아보고 결국 그 자리에서 돌이 되고 만다. 황부잣집은 땅으로 꺼지고 그 자리에 큰 연못이 생겼는데, 연못 중 상지는 황부잣집의 집터에 해당된다는 전설이다. 물속에 잠겨있는 굵은 나무는 황부잣집의 대들보와 서까래였다는 재미있는 이야기도 전해진다.

권선징악을 주제로 한 전설이지만 욕심을 씻어내고 맑은 마음만 간직하고 살아가기를 바라는 경계가 아닐까? 그러고 보면 낙동강의 시작점인 이곳은 티끌만큼의 욕심이나 지저분함도 없어야 하지 않겠는가?

돌이 된 황부잣집 며느리 ••••••

　대도시의 한낮 온도가 30도를 넘었다는 오늘, 태백의 날씨는 마치 초가을 날씨처럼 느껴진다. 기대보다 훨씬 빨리 해는 높은 산자락 끝에서 꼬리를 감추고, 어두워진 시내에는 싸늘함과 청량감이 감돈다. 그동안 태백에 대해 품었던 궁금증과 강의 시작점을 보고 싶었던 소원을 이루어서일까. 저녁 시간 유난히 건강한 시장기를 느낀다. 태백은 한우가 유명하다. 평균 해발 650m 천혜의 자연에서 건강한 기운만 받고 자라니 그 신선한 육질과 맛은 여행자의 입과 코를 유혹하기에 십상이다. 한우 한 점을 머금은 혀끝에서 맑은 공기, 맑은 물 그리고 태백이 느껴진다.

　청량함 속에서 태백의 아침을 맞는다. 도시의 열기를 전혀 느낄 수 없었던 지난밤 태백의 편안함 때문인지 몸으로 느끼는 아침이 너무 편

91

안하다. 오늘은 태백의 지나온 지난한 삶을 만나러 가는 날이다.

   태백은 검은 보석인 석탄으로 우리나라 60~70년대 시민의 주린 배를 채워주고, 한파로부터 따듯한 가정의 온기를 책임진 곳이다. 숱한 광부들의 고단한 삶의 추억이 남아 있는 우리 근대사의 상징이며, 현재는 폐광과 더불어 전설이 된 도시이기도 하다. 태백시 상장동의 탄광 이야기가 벽화로 남아 있는 벽화 마을을 둘러보면 현재 우리의 편안함과 부유함이 어디에서 시작되었는지 그리고 춥고 어려웠던 시절, 민초들은 삶을 영위하기 위하여 얼마나 어려운 환경에 내몰렸는지 극명하게 느낄 수 있다. 한때 4,000명의 광부가 살았던 마을에 들어서면 담장에 그 시절의 순간순간들이 마치 정지 화면처럼 펼쳐져 있다. 막장에서 탄을 채탄하던 광부를 그린 시 앞에서 목이 멘다.

    땀인가, 물인가, 아니면
    눈물인가.

    목에 두른 수건을 몇 번씩이나
    짜내며 광부는 삶을 캔다. 탄을 캔다.

    숨이 턱에 차오르고, 내쉬는 한 자락의 목숨이
    방진 마스크에 걸리면 광부는 '후-'

    그렇게 오늘을 산다.

          〈태백 상장동 - 벽화 마을 그림 중에서 발췌〉

만복이 – 벽화 마을 그림 중에서 ••••••

　만 가지 복과 행운을 준다는 시골 순둥이 개 '만복이'가 만 원짜리를 물고 있다. 한때 탄광개발과 더불어 민초들의 희망이기도 하였던 곳! 개발 초창기에는 지나는 개들조차도 만 원짜리를 물고 다녔다는 태백은 그렇게 삶의 역경과 이야기를 간직한 채 벽화 속에 남아 있다.

　태백산 입구 쪽으로 방향을 잡으면 태백 석탄 박물관에 갈 수 있다. 석탄 산업의 변천사 그리고 우리 근대사에서 의미들을 한 곳에 전시하고 있다. 그 많은 이야기 속에서도 유독 마음에 앙금처럼 남은 것은 광부의 삶이다. 출근하는 남편을 위해 도시락을 준비한 아내! 오늘도 탄가루 날리는 막장에서 도시락을 먹을 남편이 얼마나 걱정스러울

탄광 갱내에서 식사하는 광부 ••••••
– 벽화 마을 그림 중에서

•••••• 출근하는 광부–태백 석탄 박물관

까! 출근하는 남편은 아이 학비 걱정이며 돈 걱정이 앞선다. "오늘 저녁에 삼겹살하고 소주 좀 받아줘." 모형 전시관에서 나오는 음성이다. 그렇다. 탄가루를 폐나 식도에서 벗겨준다고 믿었던 삼겹살에 마음과 얼굴까지 붉게 물들여주는 소주 몇 잔이면 이 가시밭 같은 삶의 질곡도 잠시는 견딜 수 있었으리라!

석탄 박물관을 나서면 태백산이 보인다. 태백산맥의 중심은 태백산으로 모인다. '한밝뫼', 즉 크게 밝다는 의미를 지닌 태백산은 하늘에 제사를 지내던 민족의 영산이었다. 나는 태백산을 향해 마음속에 기원을 올린다. 이제는 모두가 행복하도록 그리고 모두가 어려움 없도록 해주소서! 살아서 천 년 그리고 죽어서 천 년 간다는 주목(朱木)은

이 모든 인간의 삶을 묵묵히 보아왔으리라!

태백의 석탄은 기차역으로 모여 전국으로 분산되었다. 그 석탄이 모이는 곳은 기차역에 설치된 선탄장이다. 태백시 철암에는 우리나라 근대산업의 상징적인 시설인 역두선탄장이 아직도 건재하다.

상장동 벽화 마을에서 보았던 글이 생각난다. 얼마나 많은 아이들이 개발 시대에 이곳을 놀이터 삼아 놀았을까? 그 시절 아이들은 세월의 강을 넘어 50세 가까이 된 중년이 되었을 텐데…… 아직도 당시에 비하면 소규모지만 태백에서 생산되는 석탄을 기차에 싣는 소음이 선탄장을 울린다.

기찻길 옆 저탄장은 아이들 놀이 공간이다.

검은 탄 위에서 반짝이는 돌이라도
주우면 보석마냥 주머니 가득 넣는다.

어머니 사주신 고무신이 연탄 가루로
범벅이 돼도

선탄장에서의 총싸움은 그칠 줄 모른다.

〈태백 상장동 – 벽화 마을 그림 중에서 발췌〉

•••••• 철암 역두선탄장

천삼백 리 낙동강의 발원지 황지 연못과 한강의 발원지 검용소, 동
해로 구슬 같은 물을 흘려보내는 연어의 고향 오십천이 시작되는 곳,
태백! 평균 해발 650m 이상에 형성되어 과거에는 탄광촌으로 그리고
현재는 고원에 위치한 관광 휴양도시로 변신을 도모하는 곳!

이 도시를 떠나더라도 가끔 여름철에 잠을 설치기라도 하면 모기
한 마리 얼씬하지 않는 이 도시를 생각할 것이다. 낙동강가 물금에서
살던 지난날이 그리워지면 낙동강의 고향인 태백을 떠올릴 것이다. 그
리고 마음속에 욕망이 질주하는 날이 있으면 산맥들이 사방으로 치달
아 달리는 모습을 가까이에서 볼 수 있는 태백을 상상하리라! 바람의
언덕을 넘던 맹렬한 바람을 생각하면 세상의 답답함을 씻을 수 있으
리라!

철원군 화천군 양구군 고성군
춘천시 인제군 양양군 속초시
홍천시 평창군 강릉시
횡성군 정선군 동해시
원주시 영월군 삼척시
태백시

태백시

¹매봉산 풍력발전단지
²삼수령
³황지 연못
카스텔로 호텔
⁴상장동 벽화 마을
⁶철암 역두선탄장
⁵석탄 박물관

첫날

• 매봉산 풍력발전단지, 고랭지 채소단지 ― 삼수령 ― 황지 연못 ― 호텔 체크인
• 태백산 도립공원(입장료 성인 2,000원, 주차료 2,000원)
• 저녁: 태백 서학한우촌(한우 등심 200g 30,000원, 한우 육회 200g 25,000원,
  태백시 황지동 240-18, T. 033-553-003)
 ― 태백 고랭지에서 자란 한우
 ― 부드럽고 연한 육질에 깊은 풍미
 ― 곰취 잎에 고기 한 점을 싸서 먹는 맛이 참 좋다.
 ― 한우 육회도 맛이 부드럽고 좋다.
• 비어 스토리 맥주집(맥주 슈마커 한 잔 7,500원)
 ― 묵직하지만 순하고 부드러워 하루를 정리할 수 있는 편안한 맛

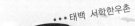

●●● 태백 서학한우촌

둘째 날

• 상장동 벽화 마을 ― 태백 석탄 박물관 ― 구문소 ― 철암 역두선탄장

숙소

• 카스텔로 호텔(100,000만 원 주중 요금, 강원도 태백시 황지동 253-167, T. 033-553-
  2211)
 ― 황지 연못 근처에 위치한 호텔, 태백시 중심에 위치함.
 ― 근처 2~3분 이내에 태백역과 시외 및 고속버스터미널이 있음.
 ― 태백 숙소 대안이 그리 많지 않은 점에 비하면 좋은 선택이 될 수 있다.
 ― 이곳을 거점으로 주변 관광지 동선을 편안하게 잡을 수 있다.

●●● 카스텔로 호텔

3. 도심 가까운 곳에서 자유를 느끼고 싶을 때

영종도

제비 닮은 비행기들이 수없이 하늘을 수놓는 곳,
섬 속의 섬을 발견하는 곳, 갈매기를 데리고 나가는 바다의 목동

가끔 무작정 떠나고 싶다는 기분이 들 때가 있다. 새로운 바람은 필요한데 시간과 금전 제약은 많고…… 여건이 만만치 않을 때, 왜 이렇게 살까 스스로 자조스런 한탄이 나오기도 한다. 이럴 때 횡하니 비행기를 타고 해외로 나갈 수 있다면…… 이런 기분이 들 때 대안으로 가볼 만한 곳, 그리고 그 기분을 느껴 볼 수 있는 곳이 어디 없을까?

인천공항이 있는 곳, 인천의 지근거리에 위치한 섬, 서울에서 1시간 이내면 바다를 접할 수 있는 영종도는 어떨까? 공항에 다니면서 바쁜 마음 때문에 잠시라도 주위를 살펴볼 마음을 갖지 못했다면 이제라

도 이 근사한 섬에 마음을 주어도 괜찮을 것 같다.

섬에는 원래 제비가 많았고, 그래서 섬 이름도 제비 이름이 들어간 '자연도(紫燕島)'*라고 불렸다. 이제 전국 어디에서도 제비를 찾아보기 쉽지 않지만, 영종도에서만큼은 예외다. 제비를 닮은 비행기들이 수없이 영종도 하늘에 그리고 땅에 이착륙하는 것을 보면 선조들께서 이름 붙인 '제비 섬'은 참 맞아 떨어지는 걸작 아닌가?

영종도로 들어가는 가장 드라마틱한 길은 송도에서 영종도로 진입하는 인천대교**가 아닐까 생각해본다. 20km에 가까운 모세의 기적과도 같은 바다 건너기를 시도하다 보면, 마치 영종도는 저 멀리 떨어져 있는 인간의 이상향과 같이 느껴진다. 얼마나 많은 신혼부부가 미래의 희망을 안고 이 기적의 길을 건넜을 것이며, 또 얼마나 많은 유학생들이 청운의 꿈을 안고 바다를 가로질렀을까? 수많은 사람들이 희망, 재회, 그리고 헤어짐 등의 깨알같이 많은 사연을 안고 저 아득히 먼 수평선 너머의 섬으로 향했을 것이다. 그들의 희망이, 그리움이 이 다리를 만들지 않았을까? 갈매기와 같이 건너는 이 바다는 숱한 이야기를 들려줄 것 같고, 바다 너머에서 큰 제비를 타고 여행하는 동화 같은 상상을 하게 한다.

---

* 보랏빛으로 보이는 제비.

** 사장교 형식으로 주경간 길이만 800m이며, 세계에서 5번째 긴 다리다. 2009년 개통했고, 전체 길이는 18.38km다.

섬 속의 섬을 찾아 나서는 길! 그 첫 번째 목적지는 무의도(舞衣島)[*]
다. 섬이 안개를 머금고 있으면 마치 소맷자락을 나풀대는 무희같이
아름답기도 하고, 때론 말을 탄 장수의 옷이 휘날리는 형상 같기도 해
서 붙여진 "무의"! 아름다운 이름을 가진 신비의 섬이다. 이곳에 가는
첫 번째 관문은 선착장이 있는 조그마한 섬 잠진도를 거쳐야 한다.[**]

해풍에 머리를 내맡기고 흔들리고 있는 섬을 향하여 자동차를 실
은 선박이 천천히 접근한다. 서해의 찰흙 빛 탁한 물 자국이 갯가에 잠
시 보이지만, 좀 먼 바다에는 제법 은보라를 날리며 푸른 빛 바다 모습
을 보여주고 있다. 섬에 접근할수록 바다와 사람이 한데 어울려 춤을
추는 아름다운 무의도가 가슴에 다가선다. 비릿한 갯내음과 평온한 서
해를 보며 행복한 감정이 길게 스쳐 간다.

> 마음에 와 닿는 노래에 볼륨을 높이듯,
> 시선을 당기는 자연의 풍광 앞에서 차의 속도를 줄이듯,
> 사랑하는 사람과 만남의 시간을 야금야금 아끼며 즐기듯,
> 여행이란, 여행이란 인생의 속도를 잠시 늦추는 훌륭한 친구입니다.

---

[*] 조선후기부터 사람이 살기 시작했고, 1989년 인천광역시 중구로 편입됨. 어업, 농업, 청정
김으로 유명함.

[**] 잠진도 선착장 → 무의도(큰무리 선착장)간 선박운행, 승용차 적재 2만 원, 어른 1인당
2,000원. 소요 시간은 5분, 배는 30분에 한 대씩 있으며 매시 15분, 45분에 출발함.

무의도에 도착하는 자동차들 ••••••

무의도에서 소무의도를 접어드는 인도교를 걷고 있으면 시인 정
현종의 말이 생각난다.

사람과 사람 사이에 섬이 있다.
그 섬에 가고 싶다.

멀어진 모든 사람과 연결될 수 있는 이런 튼튼한 섬 다리가 나에게
도 있었으면 좋겠다.

---

* 무의도 남쪽에 있는 광명항 건너편에 위치한 섬. 무의도 광명항 선착장 → 소무의도로 가
는 길은 해상 인도교를 이용해서 걸어갈 수 있음. 면적은 본섬 크기의 9분의 1 정도인
1.22㎢임.

소무의도의 호젓한 산책길을 걸어 보세요!
인천공항으로 방향을 잡고 이착륙을 시도하는 비행기와
인천항으로 항해 중인 선박 그리고 어선의 바쁜 물가름을 보고 있으면
그나마 한가한 섬마을에 바쁨이 느껴집니다.

소무의도 정상에서 바다 건너다 보이는 송도 신도시는 고층 빌딩의 경연장
이고 세련된 이상향입니다. 그 옛날 얼마나 많은 섬마을 사람들이 멀리
보이는 육지를, 서울과 인천을 그리워하며 살았을까요?
참 아이러니합니다. 도시에 있는 사람은 섬을 그리워하고,
섬사람은 도시를 그리워하니 말이지요!

소무의도와 해녀섬 사이에 수없이 빛나는 은빛 바닷물결을
물끄러미 보고 있으면 저 바다 건너 두고 온 일상의 바쁨은
잠시 내려놓을 수 있을 것 같습니다.

•••••• 소무의도 인도교

섬의 작은 모퉁이, 모퉁이마다 아기자기한 집들이 앉아 있고, 그곳에 사는 사람들은 아무 근심 걱정 없어 보인다. 소무의도에는 닭 울음소리는 없고, 갈매기 울음소리가 그 자리를 대신하고 있다.

그리고 바다를 건너는 기다림이 필요한 실미도!
이곳에는 물이 갈라지는 시각에 맞추어 서서히 사람이 다닐 만한 징검다리가 나타나고, 조그마한 모세의 기적이 벌어진다. 다리를 건너

썰물 때 드러난 무의도에서 ●●●●●
실미도로 가는 징검다리

도 누구 하나 반겨줄 사람 없고, 여행자의 적막한 기분을 가라앉혀 줄 것이 아무것도 없다. 하지만 기다림이 있었고, 섬에 다녀왔다는 작은 사실 하나가 마음의 서운함을 달래준다. 개펄 위로 쏟아지는 햇볕과 찬 바닷바람만 휑하니 떠다닌다. 실미도는 그렇게 비밀처럼 바다에 떠 있다.

서해안은 밀물과 썰물이 달의 영향을 받아서 항상 변화하고 있다. 인천 앞바다 조수간만의 차는 가장 클 때 9m 정도에 이른다. 따라서 밀물과 썰물의 크기가 가장 클 때 시간을 알고 개펄에 나가야 낭패가 없다. 실미도와 대무의도는 하루 2번 썰물 때 개펄로 연결된다.* 인천 대교를 통해 대단한 기적의 바닷길을 건넜다면, 이곳에서는 아기자기한 모세의 기적을 느껴볼 수 있다.

바다로 이어진 펄 길에 물이 흐르고, 조그마한 게들만 분주하게 움직이고 있다. 개펄에서는 낙지, 골뱅이, 바지락, 소라, 굴을 행운처럼 주울 수 있다.

이렇게 아름다운 섬이 이념 대결의 도구로 사용되었으며, 이곳에서 수많은 젊은이들이 아픔의 길을 걸었다는 사실에 가슴이 먹먹하다.**

---

* 바다타임(http://m.badatime.com/) '갈라짐', '실미도'를 클릭하면 자세한 정보를 얻을 수 있다. 예) 2014년 3월 10일, 실미도 바다 갈라짐 오후 3시 59분~8시 36분. 만조(고조): 물이 다 들어찼을 때의 시간, 저조(간조): 물이 다 빠졌을 때의 시간, 시간 간격: 6시간 12분임.

** 1968년 북한 김신조 일당의 무장 게릴라 청와대 습격에 대한 보복으로 중앙정보부가 창설한 북파부대원 31명이 3년 4개월 동안 지옥훈련을 받은 장소.

왕산 해수욕장의 낙조 ●●●●●

일몰 시간이 되기 전에 바다를 얼른 건너 왕산해수욕장으로 향한다. 이곳의 낙조는 용유팔경(龍游八景)으로 꼽을 정도로 유명하며, 특히 온 세상을 붉게 물들이며 바닷속으로 사라지는 해는 황홀경을 자아낸다.

낙조 속에는 이런 이야기도 들어 있다.

이곳은 한국전쟁 당시 유독 황해도 피난민들이 많이 정착한 곳이며, 이곳에서 나는 조개와 생선을 잡아 아이들을 공부시키고 억척같이 삶을 유지했다. 고향을 그리며 그렇게 지난한 삶을 실향민은 견뎌왔다. 바가지로 개펄을 긁으면 바가지 반이 조개였다는 이곳은 조개구이로 지금도 도시 사람들의 입맛과 삶에 윤기를 제공하고 있으며, 실향을 달래던 섬은 전 세계에서 가장 좋은 공항이라는 명성을 수년째 차지하고 있는 대한민국의 관문, 공항을 품고 있는 대단한 섬이 되었다.

낙조와 더불어 오늘 하루의 신화같은 이야기들을 소주 한 잔에 넣어 가슴속에 수놓아본다. 그리고 살아오면서 가슴 아프게 했던 모든 인연들이 섬과 섬 사이가 이어지듯 회복되기를 기원한다.

섬의 신비로운 이야기에 취하여 단잠을 자고 난 아침, 또 다른 섬 여행에 가슴이 들뜬다. 영종도 북쪽, '북면'에 소재한 신도, 시도, 모도가 기다린다. 정적인 그림 같은 이 바다에 활기를 불어넣는 것은 고양이 울음을 내는 괭이갈매기 떼.

신도가는 길, 갈매기와의 교감!

여행,
내 가슴이 먼저 아는

뱃머리에서 보이는 갈매기들 •••••

사람이나 짐승이나 누구에게 익숙해지고 가까워진다는 것은 때론 행복한 일일 수도 있다. 벳미리에서 갈매기들은 열렬한 환영을 보내고 있다. 새우깡 하나에 고난도의 묘기를 보이며, 사람과 친화된 모습을 보여준다. 힘찬 날갯짓과 활기찬 갈매기 울음을 들으며 하늘을 올려다 보라! 자연과 벅찬 교감이 가능하다. 지금 나는 갈매기를 데리고 바다 로 나서는 바다의 목동 같은 기분이다.

바쁜 비행기의 이착륙 모습과 파란 하늘은 참 잘 어울린다. 물빛도 우리 상상 속의 서해와는 사뭇 다른 바다 빛을 띠고 있다.

평일 섬에는 인적이 거의 없이 한가하다. 동네 주민들만 가끔 한가 로이 편안한 걸음으로 다닐 뿐이다. 누구의 방해받지 않고 느긋한 속 도로 한적한 길을 따라 드라이브를 즐길 수 있다. 세 개의 섬이지만 모 두 다리로 연결되어 하나가 되어 있는 섬! 이곳에서의 시간은 느리고 편안하다.

이 한가로운 기운을 잠시 깨고 싶으면 '배무꾸미'로 가면 된다. 이 곳에서 바라보는 바다는 다소 정열적이다. 바다를 향한 조각들에서 인 간 내부에 꿈틀거리는 사실적인 성애(性愛)를 만나 볼 수 있다.

바다와 섬이 주는 한가로움에서 벗어나기 어렵다면, 인천공항에 들러 붐빔과 만남의 설렘을 느껴보면 어떨까? 공항 4층의 테라스에 앉아 사람들의 분주한 모습을 살펴보자! 만나고 떠나고, 행복하고, 슬 프고 그리고 인간사의 축소판처럼 각양각색의 인종들이 저마다 큰 짐 을 지고 이리저리 바쁘다. 식사하는 나의 모습 속에 큰 가방을 들고 바쁘게 뛰어가는 또 다른 나의 모습이 다가선다. 여기 공항에 있는 다양한 사람들이 모두 비슷비슷한 이유로 바쁘며, 모두 다 정신없다는 것을 쳐다보고 있으면 늘 바쁜 나의 일상이 그나마 위안이 된다. 내일의 뜀박질이 기대될 때까지 하염없이 공항의 인파를 쳐다보자! 서서히 내일을 향한 새로운 힘이 생겨나는 것이 느껴질 것이다.

모도 조각공원 바다나무 •••••

●인천

강화군

서구

계양구

영종구 부평구
동구 남구
중구 남동구
연수구 중구

옹진구

⁹모도 ⁸시도
⁷산도
영종도

⁶삼목
여객터미널

⁵두손 스카이 리조트 ¹⁰공항 에어
카페

¹잠진도

⁴실미도

²무의도 ³소무의도

첫날

- 인천대교 — 영종도 — 잠진도/무의도/소무의도/하나개 해수욕장/실미도 — 왕산 해수욕장, 저녁
  낙조 구경 — 을왕리 두손 스카이 리조트 숙소 체크인 — 저녁 해변 산책
- 인천대교(통행료 6,000원)
- 잠진도 선착장 ➜ 무의도(큰무리 선착장, 선박 통행료: 승용차 적재 20,000 원, 어른 1인당 2,000원)
- 실미도(주차장비 3,000원, 입장료 2,000원)
- 점심: 소나무 식당(해물 칼국수 7,000원, 잠진도 선착장 입구, T. 032-746-3236)
- 새우, 홍합, 바지락, 쫄깃한 면발, 무엇보다 시원한 국물이 좋다.
- 바다가 보이는 칼국숫집에서 가슴 속까지 시원한 칼국수 한 그릇, 섬을 다니면서 시장한 배를 시
  원한 국물로 달랠 때 제격.
- 섬으로 들어가려는 사람들이 제법 많이 식사를 하고 있다.
- 저녁: 경기조개 횟집(세트 메뉴 B: 조개+산낙지+회+칼국수 혹은 매
  운탕=100,000원, T. 032-752-8901)
- 조개가 신선하여 입에서 느끼는 맛이 즐거움.
- 힘 좋은 산낙지, 신선한 광어회와 더불어 마지막으로 나오는
  해물 칼국수는 잘 갖추어 먹었다는 느낌을 줌.

••• 경기조개 횟집

둘째 날

• 오전 해맞이 — 삼목선착장 — 신도, 시도, 모도/조각공원 — 공항/식사

– 삼목항 ➔ 신도(선박통행료: 승용차 적재 20,000 원, 어른 1인당 4,000원)

• 점심: 인천공항 에어 카페(Air Cafe; 구운 마늘 치킨피자 19,800원, 해산물 오
븐 스파게티 17,600원)

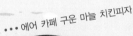
••• 에어 카페 구운 마늘 치킨피자

– 피자는 도우가 얇고 바싹하며 고소함. 화덕구이 피자 맛이 남. 치즈와 토
핑으로 올린 치킨 맛이 괜찮음.

– 스파게티는 각종 해산물과 치즈, 채소, 토마토 등이 어우러져 느끼하지
않고 부드러운 맛을 냄.

– 주차: 지상주차장 C, H 구역이 편리. 3층 출국장 J 카운터에서 4층으로 올라가면 에어 카페(Air
Cafe) 도착할 수 있음. 워커힐 호텔에서 운영.

숙소

• 두손 스카이 리조트(바닷가 전경, 100,000원 주중 요금)

••• 두손 스카이 리조트 전경

– 호텔 객실과 베란다에서 을왕리 해수욕장을 볼 수 있고 해수욕장의
밤바다를 산책하기 좋음.

– 커피를 한 잔 들고 베란다에 앉아 하염없이 바다를 쳐다보는 것만
으로도 힐링이 됨.

– 호텔 바(Bar) 가까이에 을왕리 횟집 센터가 밀집해 있어 편리하게
이용 가능함.

– 다양한 부대시설이 편리하게 갖추어져 있음.

인천 송도

10여 년 전에는 바다, 숨이 멎을 것처럼 치솟은 빌딩의 경연장,
연인들의 발걸음 뒤로 달콤한 설탕 자국이 남는 곳

대학 시절, 기숙사는 바닷가 높다란 언덕 위에 있었다. 날이 춥지
않은 계절에는 너무도 낭만적이고 훌륭한 곳이었다. 시야가 맑게 확보
된 날에는 대마도까지 수평선에서 확인할 수 있었고, 꿈과 이상을 바
다를 보면서 높일 수 있었다. 하지만 겨울철이 다가오면 그 심란한 바
닷바람과 살갗을 아리는 추위 때문에 사방이 건물로 가득 차서 막아주
는 대도시가 그렇게 부러울 수 없었다. 특히 기숙사에 달려있던 창문
은 요사이 아파트나 건물 수준으로 보면 너무나 허술해서, 창으로 들
어오는 겨울 황소바람에는 거의 무방비 수준이었다. 너무 추워 원로
기숙사 사감 교수님을 찾아뵙고 하소연을 하곤 했었다. 하지만 교수님
의 답변은 의외로 간단했다.

"사람이 살기에 가장 이상적인 곳은 오존이 많이 발생하고 뿜어져 나오는 곳이 으뜸이지! 여러분이 사는 기숙사, 내가 보기에는 전 세계에서 가장 환경적으로는 우수한 곳이야! 바닷가에서 만들어지는 그 좋은 오존을 매일 마실 수 있으니 말이야! 겨울에 창틈으로 들어온 오존, 더 마신다고 생각하고 생활해 봐, 하하하!"

생각해보면 그때 그렇게 좋은 공기, 맑은 바다, 젊음을 공유하던 동기생들이 함께했기에 나는 오랫동안 건강체(健康體)로 살아왔음을 고백하지 않을 수 없다. 지금도 바다를 마주한 멋진 건물을 보면 그때 나의 청춘이 다시 떠오른다.

이런 기준으로 나의 청춘을 가장 아름답게 회상할 수 있는 곳이 바쁜 서울 근처 어디에 있을까? 잠시라도 훌쩍 떠나 그때 그 감정으로 가보고 싶을 때는 어디로 가야 하나?

나는 지금 인천 송도 신도시로 간다. 한때 바다였던, 그리고 지금은 끝없는 마천루들의 경연장이 된, 천지개벽의 현장! 이곳은 내가 삶을 유지하는 현대 도시 성격도 가지고 있고, 내가 늘 그리워하는 바닷가 풍광도 가지고 있다.

송도에 들어서면 제일 먼저 숨이 멎을 것처럼 하늘로 치솟은 오피스 건물과 아파트 단지에 압도된다. 아! 이곳이 불과 10여 년 전에는 바다였다고! 믿어지는 않는 광경이지만 정말 이곳은 조개와 고기 잡던 삶의 터전 바다였다. 빌딩 숲을 헤치고 콧구멍을 벌렁거리면서 냄새로 가장 먼저 찾은 곳은 역시 바다를 볼 수 있는 곳이다. 그곳에 가야 대학생이던 나를, 젊은 나를 다시 볼 수 있을 것 같아서다.

송도의 빌딩 숲 사이에 오아시스처럼 자리하고 있는 공원은 "센트럴 파크"다. 편안한 복장으로 가볍게 걸을 수 있는 '물과 사람이 만나는 수변 공간'이기도 하다. 파크를 걸으면서 점점 바다 냄새가 느껴지기 시작한다.

유학시절 내가 머무르던 도시는 영국 남서부 해변 작은 도시였다. 미국을 처음 발견한 '메이 플라워호' 그리고 '청교도'들이 항해를 시작했던 도시! 세 들어 살던 집은 공원 근처였는데, 너무나 큰 파크의 규모에 놀랐던 기억이 새롭다. 파크 전체에 수백 년은 되어 보이는 울울

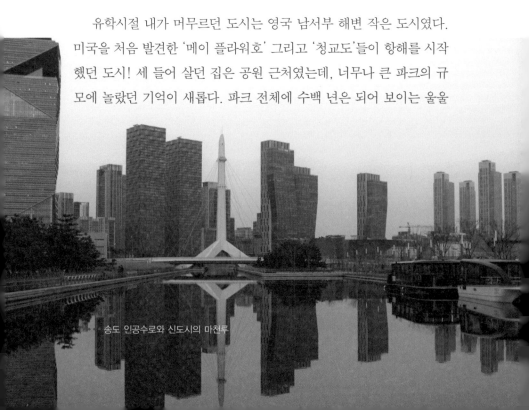
송도 인공수로와 신도시의 마천루

창창(鬱鬱蒼蒼)한 나무와 잘 조성된 식재들로 언제 들러도 마음을 안정시켜주고, 편안하게 사색을 할 수 있도록 해주었다. 이 공원에서 지척인 거리에 바다가 펼쳐져 있기 때문에 산책 도중에는 비둘기와 갈매기가 함께 노는 모습을 일상처럼 보며 지냈다. 그때 그 공원 이름도 "센트럴 파크"였다.

우연처럼 송도의 공원과 과거 유학시절 공원의 이름이 같다. 그리고 조금만 걸으면 바다 곁에 닿을 듯한 이 냄새도 너무 흡사하다. 걸으며 대학생이던 나를 보기도 하고, 대학원 공부를 하던 나를 접하기도 한다. 송도 센트럴 파크는 바다 냄새를 쫓아온 나에게, 너무나 빛나던 나의 청춘 시절 마디마디를 비춰주고 있다.

잠시 상념에서 깨어나 파크산책에 눈길을 준다. 공원을 둘러싼 건물들은 현대적이며, 그리고 세련미가 넘쳐 보인다. 앞서거니 뒤서거니 공원을 에워싼 건물들의 수려한 생김새에 탄성이 절로 나온다.

인공으로 조성된 수로 위에 맑은 물이 흐르고, 수로를 따라 조성된 산책로를 수많은 사람들이 수놓고 있다. 한 주의 시름을 모두 내려놓고 아빠와 딸, 그리고 엄마와 아들이 무척 다정히 걷고 있다. 이 산책이 신 나고 즐거운 것은 집에 갇혀 있던 강아지의 표정을 보면 금방 알 수 있다.

●●●●●● 수로 위의 한가한 시간

달력은 3월을 가리키고 있지만, 바람 끝에 겨울이 느껴지는 계절! 하지만 봄의 기운은 숨길 수가 없다. 대지에서 꿈틀대는 봄기운은 찬 바람 끝에 숨기거나 진정시킬 수 있어도, 사람들 옷매무새나 표정에 녹아 있는 봄은 마냥 숨기기에는 한계가 있다.

산책하면서 커피를 말아 쥔 연인들 손에 유쾌함과 편안함이 걸렸다. 파크에 조성된 사슴 집은 그 너머 보이는 인간들의 아파트보다 훨씬 정감 있고 멋져 보인다. 사슴 집에는 뿔이 무성히 달린 수사슴과 동화에 나올 듯한 예쁘디예쁜 암사슴들이 사람들의 손길에 화답하고 있다. 먹이를 받아먹는 앙증스런 입을 보고 있으면, 먹고 난 후에 알아들을 수 있는 말로 고맙다는 인사라도 할 것 같다. 정말 작은 토끼섬의 토끼들도 산책 나온 주민들과 눈인사 중이다. 정겹고 느긋하다. 이런 산책길에 잠시 업무 생각이며, 삶의 계산적인 공상들은 내려놓아도 좋을 듯하다.

센트럴 파크 유람선 ••••••

집주인 수사슴 ••••••

•••••• NC 백화점
(커넬 워크)

파리 센 강 유람선을 타보면 강 주변으로 스쳐 지나가는 건물들의 모습도 그럴싸하고 좋지만, 강 주변 공터마다 나와서 공연도 하고, 음악에 맞추어 춤을 추는 시민들의 모습이 훨씬 정겹다. 가식 없고 스스럼없이 삶을 편안하게 받아들이고 즐길 줄 아는 그들의 모습이 부럽기도 하고! 송도 수로를 지나가는 유람선을 보며 우리에게도 삶의 여유가 가까이 있었으면 좋겠다고 생각해본다. 그리고 지금 이 공원을 산책하는 모든 이에게 센 강가의 사람들만큼이나 즐겁고 걱정이 없는 삶이 이어졌으면 좋겠다.

센트럴 파크와 머리를 맞대고 있는 NC 백화점 쪽으로 발길을 돌리면, 커넬 워크(Canal Walk)라는 스트리트 몰(Street Mall)이 나온다. "운하를 걷는 듯한 느낌을 주는 상가!" 의미가 그럴듯하게 다가온다. 봄, 여름, 가을, 겨울로 구분하여 조성된 상가에는 구역별로 색다른 주제로 구성되어 있고, 길을 따라 양옆으로 늘어선 상가를 느긋이 산책하듯 쇼핑할 수 있다. 아기자기한 가게며 동서양의 다양한 음식가게들이 발길을 잡는다. 어디라도 좋으니 잠깐 들러 이 아름다운 스트리트 몰의 광경을 하염없이 쳐다만 보아도 좋다. 연인들의 가벼운 발걸음 뒤로 달콤한 설탕 자국이 남는 듯하고, 사랑스러운 가족들의 걸음 사이에는 행복의 솜사탕이 둥실 떠오른다.

송도의 끝자락에 가면 "인천대교 전망대 오션스코프"를 접할 수 있다. 이곳에 잠시 멈추어 숨을 고르다 보면 서해를 물들이는 일몰과

●●●●●● 석양과 인천대교

마주할 수 있다. 멀리 영종도로 향하는 인천대교가 수평선 너머 끝없이 이어지고 있다. 이곳은 볼 곁으로 스치는 찬바람에도 쉽게 발걸음을 옮길 수 없는 마력을 지니고 있다. 오늘 바다 냄새를 종일 따라다녔고, 그 여정에서 젊은 시절의 나를 만나기도 하였으며, 현재의 내가 위로받기도 하였다. 이제 바람 끝에 실린 바다 냄새에 마음을 주며, 또다른 근사한 내일이 올 거라고 스스로를 다독인다.

●인천●

송도

강화군

서구   계양구

영종구   동구 부평구

중구 남구 남동구

옹진구   연수구

송도구

³NC 백화점
(커넬 워크)

⁴인천대교 전망대

²사슴공원

⁵시드니 양갈비
(드림시티 내)

¹오라카이 호텔

첫날

• 제2경인고속도로 — 인천 송도 도착 — 숙소 체크인 — 송도 센트럴 파크 산책 — 커넬 워크 구경/
차 한 잔 마시기 — 파크를 통해 인천대교 전망대 도착 — 노을 감상

• 저녁: 시드니 양갈비(고급 양갈비 200g 35,000원, 양꼬치 8개에 10,000원)

– 일반적인 중국식 양꼬치에 비해 풍미도 좋으면서 맛있음.

– 해외에서 먹은 양고기 스테이크 맛. 한국에서는 쉽게 구입할 수 없었는데, 신선한 냉장육을 급랭
해서 수입함. 고기도 부드럽고 풍미가 좋음.

둘째 날

• 오전까지 느긋이 호텔 즐기기 — 창밖으로 오전 센트럴 파크 전망 감상

• 점심: 송도 백제원(점심 특선 한우 보양탕 1인분: 8,000원, 평일 점심 한정)

– 한우 전문점으로 한우 보양탕(사골국물에 들깻가루와 고사리, 우거지, 파, 부
추, 사태)은 찍어 먹는 소스와 함께 제공됨.

– 국물 맛이 깊으면서 시원하고, 고소하며 보양하는 느낌, 일종의 사골 우
거지 종류. 가격에 비해 만족도가 높음. 맛깔스러운 기본 반찬(배추김치,
깍두기, 시금치 겉절이, 무, 마늘, 피클) 제공됨.

●●● 송도 백제원 점심 메뉴

숙소

• 오라카이 호텔(센트럴 파크에서 도보로 접근하는 것도 편리)

– 커피 한 잔 하면서 센트럴 파크를 위에서 내려다보면 커피 향을 더욱 진
하게 느낄 수 있음. 저녁 공원 보석처럼 빛나는 야경을 즐기면 다양한 사
색에 잠기는 것도 가능함.

– 1층 바(Bar)에서는 가벼운 맥주와 와인이 가능, 공연이 이루어지기도 함.

●●● 오라카이 호텔 전경

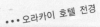

춘천, 남이섬

시루떡 떡보자기 위로 뭉게뭉게 피어오르는
수증기 같은 물안개, 영원을 품어주는 강가

춘천을 생각하면 마음의 심란함을 가라앉히는 호수의 잔잔한 영상
이 먼저 떠오른다. 언젠가 화보에서 보았던 북한강에 가랑잎처럼 떠
있는 남이섬과 섬을 둘러싸며 물 위로 피어오르는 물안개는 늘 마음속
에 남아 있었다.

마치 시루떡 떡보자기 위로 뭉게뭉게 피어오르는 수증기 같았던!
그 안에 달고 단 떡이 있듯이 물안개 안에 무궁무진한 전설 같은
이야기가 숨어 있을 것 같다.
빛이 들어오는 섬, 빛과 빛 사이로 날아다니는 물안개, 나는 그 전

설을 꿈처럼 듣고 싶다는 생각을 도시 생활 가운데서 불현듯 하곤
했다.

저 멀리에서 강 언저리만 쳐다보거나 가장자리에 앉아서 강의 정
서를 잠시 만지다가 오는 것 말고, 정말 그 안에 온화하게 안기어 구구
절절한 이야기를 듣고 싶다는 기분이 들지 않는가? 북한강 줄기의 가
운데쯤 앉아서 하염없이 강을 관조할 수 있으면 좋겠다는 생각은 들지
않는가?

나는 북한강을 가장 가까이에서 느낄 수 있는 남이섬을 택했다. 관
광객들이 모두 빠져나가고 고즈넉하게 된 남이섬이 오롯이 내게 남을
때, 나는 비로소 나의 목적을 달성할 수 있으리라!

서울에서 지끈거리는 머리는 춘천으로 향하는 경춘 고속도로의 양
평 초입에 들어서면서 풀리는 듯한 느낌을 받을 수 있다. 북한강과 남
한강이 합수하는 양수리의 두물머리가 머리에 그려지고, 유유자적하
며 느린 물길이 하염없이 저 멀리 한강으로 흘러가는 광경도 떠오른
다. 조금만 더 내 달리면 봄 향연을 보여주는 산 나무 잔치에 이윽고
머릿속의 지끈거림은 모두 내려놓을 수 있다.

아, 이제 업무에서 벗어나고 일상의 덫에서 해방되는구나! 마음이
홀가분해진다. 주변을 지나면서 보는 청평, 가평 등의 지명은 얼마나
친숙한가!

서울에서 보면 춘천은 동쪽에 가까운 곳이니 봄이 빨리 올 것을 충
분히 상상할 수 있었으리라! 봄(春)이 오는 강가(川) 춘천! 수채화 같

•••••• 산 그리고 봄 색깔

은 산과 강에서 가장 먼저 봄기운을 감지할 수 있는 고을! 그 아름다
운 그림 속으로 나는 천천히 유영하고 있다.

아름다운 꿈에서 나와 처음 상륙한 곳은 남이섬이다.
14만 평의 섬. 그 속에 아름다운 정원, 숲, 산책로, 석양, 새벽, 강
바람이 있고, 사시사철 꽃들로 뒤덮이는 곳! 특히 사랑하는 사람과 호
젓한 강가 산책 그리고 별빛, 달빛, 새벽 물안개가 그리도 가슴 시리도
록 좋다는 이곳! 가슴에 설렘의 파장이 인다.

소주병 담 ••••••

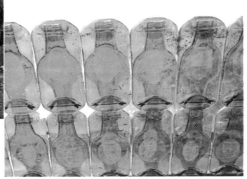

소주병을 압착해 만든 악세사리 ••••••

　애초부터 이곳은 섬도 뭍도 아니었다. 물의 양에 따라 섬과 뭍의 모습을 교대로 갈아입는 곳이었다. 1944년 청평댐의 완공으로 드디어 항구적인 섬이 된다.

　북한강에 몸을 하루에도 여러 번 내맡겼던 이곳은 생명을 넉넉히 양육하는 땅과는 거리가 있었다. 그저 억척같은 생명력을 자랑하는 뽕나무와 땅콩 재배 정도가 고작인 황무지 같은 땅이었다.

　청평호 가운데 고립무원으로 떠 있는 모래섬을 1965년 민병도 회장은 한국은행 총재 퇴직금 등을 모아 사들인다. 이후 평생 나무 심기에 열성을 다한다. 잣나무, 벚나무, 자작나무, 메타세쿼이아(MetaSequoia)가 심어지기 시작했다. 그러나 시간이 지나면서 유원지 역할을 하던 이곳에는 쓰레기와 오물들로 섬 전체가 뒤덮인다. 널린 쓰레기뿐만 아니라 땅을 파도 소주병들만 지천으로 나올 정도였다.

하지만 2001년부터 남이섬 강우현 사상의 끝없는 상상과 창작으로 이곳은 변모를 거듭한다. 전봇대와 전깃줄을 땅으로 묻고 자연을 찾기 위해 노력한다.

수많은 소주병도 남이섬을 꾸미는 아름다운 재료로 사용될 만큼 상상력은 섬을 뒤바꾸기에 충분했다.

결국, 그의 상상대로 이곳은 자연에서 휴식을 취하고 삶의 활력을 얻으려는 내국인과 외국인이 줄을 지어 입장하는 명소로 변모하였다. 그리고 새롭게 탈바꿈한 남이섬 위에 아름다운 사랑 이야기들이 수놓아진다. 수많은 연인들이 「겨울연가」의 '준상과 유진'처럼 이곳에서 사랑을 확인한다.

······「겨울연가」 동상

남이섬 낮의 활기는 해가 지면서 가라앉는다. 개구리 울음소리와 새 울음소리가 그 빈자리를 메우고 있다. 사람들이 빠져나간 호젓한 숲길을 사랑하는 사람과 손잡고 걸으며 도란도란 이야기해보자! 하루를 정리하고 마무리하는 것이 이처럼 다를 수 있다는 생각을 하게 된다.

「겨울연가」, 그리고 메타세쿼이아 길 ● ● ● ● ●

•••••• 북한강, 새벽 시린 물빛

　새벽 강가는 동양화 한 폭에 뛰어든 느낌이다. 산 뒤에서 막 뜨려는 해가 어슴푸레 아침 빛을 만들고, 산은 강 위로 길게 수묵화 같은 그림자를 남긴다. 물빛은 유리처럼 잔잔하여 산의 모든 모습을 그대로 담아낸다. 멀리 산과 산 사이, 물과 산 사이에 으스름한 물안개가 느껴진다.

　강가를 따라 빙 둘러쳐 만든 산책로를 따라가다 보면 내 마음의 심연까지 내려갈 수 있을 것 같다. 나에 대해서 묻고 있는 또 다른 나를 호숫가에서 만난다. 고등학교 시절 입시의 시린 가슴으로 푸른 새벽에 듣던 정태춘의 「북한강에서」가 마음속에 흐르고 있다.

저 어둔 밤하늘에 가득 덮인 먹구름이
밤새 당신 머릴 짓누르고 간 아침 나는 여기 멀리 해가 뜨는 새벽 강에
홀로 나와 그 찬물에 얼굴을 씻고……

짙은 안갯속으로 새벽 강은 흐르고
나는 그 강물에 여윈 내 손을 담그고
산과 산들이 얘기하는 나무와 새들이 얘기하는
그 신비한 소릴 들으려 했오
강물 속으론 또 강물이 흐르고
내 맘속엔 또 내가 서로 부딪히며 흘러가고
강가에는 안개가 안개가 또 가득 흘러가오

마음속에 있던 어제의 걱정들은 이제 강가 언저리에 놓아 버리고 싶다. 아! 이제야 차분히 가라앉고 맑게 정화된다. 아침 남이섬 산책은 내 마음속 깊은 곳을 다독였던 행복한 기억이 되었다. 꿈꾸는 섬, 남이섬에서 나도 이제 새로운 상상으로 미래를 희망해본다. 산책로 주변에서 만나는 딱따구리, 청둥오리, 청솔모 등은 아침에 활력을 불어넣으며, 마음 바닥에서 현실로 나를 데려오고 있다.

남이섬 사장님의 이야기를 들어보면 섬 입구에 세워져 있는 여인상은 원래는 버릴려고 고민하던 물건이었단다. 하지만 남이섬 물가에 세워두면서 물의 수량에 따라 바뀌는 여인상의 모습이 세상 사람들에게 신비롭게 다가섰단다. 이후 사람들은 섬에 들어서는 순간부터 카메

••••• 남이섬, 여인상

라 셔터를 들이대니 버릴 것이 없다는 진리는 참 맞다는 생각이 든다. 여인상을 뒤로하고 남이섬을 떠난다. 호젓한 강가에 앉아서 지나온 나에게 마음의 편지를 쓴다. 그리고 남이섬의 빨간 우체통에 고이 마음의 편지를 넣어둔다.

남이섬을 보내고 46번 춘천 가는 국도로 접어든다. 곧이어 북한강을 옆에 두고 수려한 산세와 물세를 느낄 수 있다. 아침 해를 맞으며 춘천을 향하는 드라이브는 잊지 못할 큰 즐거움을 준다. 평소에 좋아하는 음악을 이때 듣는다면 그 감동이 배가 될 것이다. 북한강 물살에 반짝이는 수만 개의 햇빛이 유난히 따뜻하고 감격스럽다.

북한강과 소양강이 합수하여 만들어지는 호수 도시 춘천으로 점점 다가서고 있다.

강가로 강촌역이 보인다. 한때 대학생들의 엠티로 그리고 추억의 열차로 명성이 자자했던 '강촌' 구 역사는 이제 낭만을 싣고 달리는 레일 바이크장으로 변모하여 새로운 추억 만들기가 한창이다. 서울에서 춘천까지 이어진 자전거 도로, 그리고 북한강변을 시원스레 내달리는

소양강 처녀 동상 •••••

자전거 행렬이 매우 경쾌하고 가볍다.

　참 좋은 계절, 봄볕 아래 활짝 핀 꽃들 사이를 드라이브하다 보면 마음이 환해짐을 느낀다. 연한 봄빛이 나뭇가지 사이사이에서 빛나며 생명들을 퍼 올리고 있다. 정말 이 길은 낭만을 싣고 달리는 길임이 틀림없다.

　29억 톤의 저류량을 자랑하는 인공저수지, 소양강 댐 위에 올라 그 풍광을 내려다본다. 인간의 힘으로 이러한 역사를 만들 수 있다는 자체가 감탄스럽다. 이 광대한 물빛을 바라보고 있노라면 호반의 도시라고 명명하는 것에 아무런 거부감이 생기지 않는다.

　하지만 마음에 꼭 느껴보고 싶었던 것이 하나 더 있다. 대학 시절 각종 응원가나 단체합창에서 목이 터지게 불렀던 「소양강 처녀」*다. 느낌과 사연은 몰랐다. 시대와 분위기 때문에 애창했지만 이제 그 정서도 느껴보고 싶은 생각이 간절하다. 그저 마음을 호수 위에 떠워 두고 한참 노랫가락을 따라가다 보면 마음의 답을 얻을 수 있다. 돌아

---

* 반야월 선생 시상의 모티브가 된 윤기순 양은 노래를 만들 당시 18세 꽃다운 처녀였다. 「소양강 처녀」는 시인의 시상에서 살아나 국민적인 노래가 되었다.

•••••• 카페 에티오피아

와 주신다고 맹세하고 떠난 임을 기다리는 소양강 처녀의 간절함을 말
이다!

　북한강과 소양강이 만나는 곳에 '공지천'이 있다. 노을이 아름답게
호수와 주변을 물 들이고 있다. 이곳은 춘천을 마무리하기에 가장 좋
은 장소일 것 같다.
　카페 에티오피아에서 흘러나오는 오래된 팝송에 귀를 맡기고 공
지천 불빛을 응시하고 있다. 이 카페는 묘하게 그 시절이 그리운 많은
사람들 모두를 시대 너머로 데려가는 마력이 있다. 50년 전 한국을 도
와 참전한 에티오피아! 황제의 배려 속에 최정예 군이 참여하였고 어

공지천의 석양 ●●●●●

느 부대 못지않게 용맹하게 싸웠다. 휴전 후 황제는 전사한 장병을 기
리기 위해 이곳에 기념비를 세웠고, 우리나라 최초로 에티오피아 커피
를 취급하는 커피집이 그 옆에 생겼다. 우리나라 젊은이들에게 커피의
새로운 맛을 소개한 가게는 전설로 남게 된다. 1968년부터 우리나라
최초로 원두커피를 선보였으니 이곳을 찾은 선남선녀의 숫자가 얼마
나 많았겠는가? 지금도 창업자의 따님이 커피를 내리고 있으니 이곳
을 방문하는 순간 그 시절로 돌아가는 것은 너무나 쉬운 일이다. 창가
에 앉아 그 시절을 회상하는 연세 지긋한 분들의 모습이 공지천 야경
과 닮아 있다. 카페 에티오피아의 음악과 이르가체페(Yirgacheffe) 커
피 한 잔으로 다시 춘천을 회상한다.

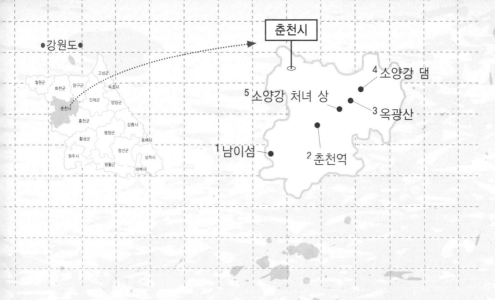

강원도

춘천시

4 소양강 댐
5 소양강 처녀 상
3 옥광산
1 남이섬
2 춘천역

첫날

- 남이섬 종합휴양지 선착장(가평) 도착 — 남이섬 산책 — 저녁 후 숲 속 산책
- 남이섬(경기도 가평군 가평읍 북한강변로 1024, 주차료, 4,000원, 선박 입장료 일반 10,000원)
- 선박운행 안내: 첫배(가평나루발 07:30분/ 남이섬 나루발 07:35분) / 마지막 배(가평나루발 21:40분/ 남이섬 나루발 21:45분)
- 선박 운항시간은 약 5~6분 소요

- 저녁: 화이쟈웬(T. 031-580-8081)

••• 화이쟈웬

- 달콤한 짜장면 한 그릇과 새우의 시원한 국물 맛이 나는 완탕면 한 그릇을 마주하면 마치 소풍을 나온 어린아이 같은 기분을 가질 수 있다.
- 돼지고기가 들어간 만두 샤오롱빠오(小籠包)를 추가 해도 좋다.

둘째 날

- 새벽 강가 산책
- 선박 편을 이용 남이섬을 떠남(8시 30분 배)
- 춘천역에서 시티투어버스 이용(성인 1명 6,000원, 입장료 8,500원 〈http://tour.chuncheon.go.kr/〉)
- 옥동굴 체험(옥광산) — 소양강 댐 — 소양강 처녀 상 방문
- 점심: 육쌈냉면(춘천의 명동거리 위치)
- 냉면 한 그릇에 숯불 고기 한 접시.

－온육수 한 컵으로 먼저 속을 푼다. 점심에 손님이 가득 차고 특히 젊은 학생에게도 인기다.

－냉면에 숯불 고기를 싸 먹는 맛이 특이하고 괜찮다.

－옆에 위치한 콩삼 커피숍에서 명동거리를 보는 것도 재
미있다.

••• 숯불 닭갈비

• 저녁: 원조 숯불 닭갈비(닭갈비 매운맛 250g 10,000원, 무뼈닭
발 200g, 9,000원)

－깔끔한 매운맛이다.

숙소

• 정관루 호텔(이지민 작가 방 211호: 77,000원, 평일 우대 요금)

－ 객실은 저마다 다른 주제로 다른 작가에 의해서 꾸며짐. 이지민 작가 룸 주제: "무중력, 환상"

－ 이지민 작가 방(211호): 심플한 검정선 드로잉으로 흰색 벽을 간결하게 어루만진다. 편안한 느낌
이다. TV와 문명의 소음이 사라진 자리에 밤이 내려앉는 소리며, 물소리가 편안하다. 호텔에서
인기 있는 최지우 객실은 105호, 배용준 객실은 203호.

－ 정관루는 리모델링 작업을 거치면서 43개 본관 객실 모두를 각기 다른 작가들이 작업하여 색다른
즐거움을 주고 있다.

－ 호텔은 로비부터 전체적으로 모던하고 깔끔하며 잘 정돈
되었다. 소박하나 섬세하고 과하지 않고 담백한 호텔.

••• 정관루 호텔 전경

정동진　　　안면도, 태안　　　여수, 마산

4. 마음으로부터 편안한 휴식을 원할 때

정동진

바닷가를 끼고 달리는 기차, 푸른 동해와 하얀 크루즈,
기적처럼 바다를 가르고 솟아오른 붉은 태양

해가 뜨는 포구를 생각하면 우리나라 사람은 쉽게 정동진(正東津)을 상상할 수 있을 것이다. 경복궁에서 정동(正東)에 위치한다고 해서 붙여진 이름 정동진! 짙푸르고 검은 바다에서 불덩이 같은 동녘 해가 머리를 들며 세상을 여는 광경은 누구나 한 번쯤 꼭 경험해보리라 마음먹는 대단한 광경이 아닐 수 없다.

또한, 바다 하면 생각나는 것은 대형 럭셔리 호텔 같은 크루즈선을 타고 어디론가 가는 여행도 떠오른다. 푸르고 푸른 호수같이 잔잔한 바다 위를 하얀색 크루즈를 타고 떠나는 것은 얼마나 낭만적인가? 포말을 날리며 바다를 가르는 상상은 어찌 험한 세상사에 한 줄기 바람이지 않겠는가?

매일 아침 눈 뜨면서 장엄한 일출을 마주하고, 꿈같은 크루즈 생활로 삶을 즐기는 상상은 도시인이면 누구나 한 번쯤 갖는 희망이다. 하지만 현실적인 제약으로 당장 실행에 옮길 수 없는 것이 현대인의 삶이라면, 그 대안으로 가장 좋은 곳은 어쩌면 '정동진'일 수도 있다. 정동진으로 향하는 길은 그래서 가슴 뛰고 나만이 숨겨둔 무엇인가를 찾아 나서는 것처럼 설렌다.

서울에서 동해로 향하는 길! 업무와 일상의 잡다한 생각이 여행자의 뒷덜미를 붙잡는다. 머릿속에 이 생각, 저 생각이 심란하게 떠다닌다. 풍경이 바뀔 때마다 생각과 걱정이 뒤범벅되어 마음속에 가득하다.

강원도 가는 길은 벌써 붐빈다. 이른 더위와 함께! 동쪽으로, 동쪽으로 밀려드는 차량의 행렬을 보면 분명 동해가 주는 치유 효과는 대단한가 보다!

한참 차를 달려서야 마음속의 걱정들을 조금씩 떼어 낼 수 있다. 마음이 가벼워지면서 드디어 여행을 가는 느낌과 들뜸도 같이 한다.

강원도에 접어들었다는 느낌은 날씬하고 동양화에서나 나올 법한 소나무들이 무리 지어 나타나는 것으로 확인할 수 있다. 굳이 코를 벌름거리지 않아도 동해 향기가 솔 향 너머로 맡아지는 듯하다.

동해의 파란 자락을 살짝 눈에 담는 순간! 아, 진정 나는 도시를 떠나온 것을 실감한다. 오늘은 마음껏 동해의 푸른빛과 함께하리라!

여행,

3해 우리7t각 10명이각 녹

●●●●● 동해안 해변도로

142

이윽고 접어든 동해 바닷가 도로! 해안가까지 달려온 산맥이 그냥 풍덩 하고 바다로 뛰어든 형상부터, 여러 개의 산들이 어깨동무를 하고 나란히 바다로 들어간 모양까지 동해에서 산과 바다가 만나는 모습은 이처럼 극적이다. 산과 바다가 만나는 곳에 만들어진 도로! 해안을 낀 드라이브 도로는 굽이굽이 몸 뒤척임이 심하다. 굽이치며 동해안 바닷가에 풀어 헤쳐진 도로를 따라가다 보면 동해의 푸른 목덜미를 만지는 것 같은 짜릿한 느낌을 받는다.

동해안 해변에 도착한 사람들이 비슷한 형태로 취하는 의식이 있다. 먼저 해변으로 천천히 천천히 다가가서, 바다 가까운 곳에서 출발하여 먼바다까지 시선을 보낸다. 하염없이 탁 트인 바다를 바라보고 난 뒤에는 세상에 온갖 걱정이 날아간 듯한 행복하고 만족스러운 얼굴로 변한다. 고함과 감탄이 동반되는 것도 이때다. 그러고 나서는 꼭 그만한 표정으로 사진을 찍는다. 동해에서 찍은 사진 대부분에서 눈부시게 하얀 웃음을 발견할 수 있는 이유는 이러한 배경 때문이 아닐까?

우리나라 대표 해돋이 명소 정동진 해변에 도착했다. 고등학교 시절, 나는 기차를 타고 주말이면 산골 부모님 댁에 가곤 했다. 그 기찻길에서 늘 보던 정동진역! 1995년 드라마 「모래시계」 열풍이 휩쓸고 지나가기 한참 전이었으니, 정동진역은 그냥 바닷가에 덩그러니 위치한 한적한 역사였다. 3년간 기차를 이용하였지만, 정동진역에서 타고 내리는 손님이 많았던 기억은 없다. 오히려 그저 휑한 백사장만 가득

●●●●● 정동진 해변

한 시골 역사에 내리는 손님이 있으면 무슨 사연이 있어서 이런 곳에 내릴까 하는 공공연한 상상을 하곤 했었다. 기차를 타면 강릉에서 출발하여 동해안 해변으로 접어드는 입구쯤에 정동진역이 있었다. 신 나게 달리는 기차에서 바다를 마음껏 질주하는 상상을 하던 나에게 정동진역에서 일어나는 잠시의 정차는 기대를 깨는 마뜩치 않은 존재였다. 정동진을 떠나 다시 가속을 하면서부터 기차는 동해의 푸른 바다를 옆에 끼고 대단한 기세로 태백의 산맥들로 향하곤 했다.

그렇게 아담한 역이 대단한 변신을 하기 시작한 것은 국민드라마 덕분이었다. 아무도 내릴 것 같지 않은 기차역사에 드라마는 긴 생머리를 휘날리는 여주인공을 각인시켰다. 드라마 방영과 동시에 정동진은 대단한 홍역을 앓기 시작한다. 그렇다. 새해 첫날 해맞이를 위해 엄청난 인파가 정동진 해변을 덮으리라고는 그 시절 고등학생이던 나는 꿈에도 상상하지 못했다.

이후 시간이 흘러 방송매체에서 수없이 새해 해맞이 명소로 소개하고, 사람들이 열병처럼 정동진을 찾고 있었지만, 나의 뇌리 속에는 여전히 해변에 덩그런히 놓인 조그만 기차역사 외에는 상상할 수 있는 것이 별로 없다.

정동진 모래시계 ••••••

여러 번 강산이 변한 후 다시 찾은 정동진! 아직 해수욕장 개장 이전인데도 사람들이 해변을 산책하고 있고, 드라마의 주제를 닮은 대형 모래시계와 박물관 등이 관광객을 모으고 있다. 또한, 산 위에는 엄청난 규모의 크루즈를 닮은 호텔이 건설되어 있다. 나의 청소년 시절 상상과 전혀 다른 모습으로 수많은 사람에게 영감과 휴식을 주는 공간으로 정동진은 탈바꿈되어 있었다.

드라마 「모래시계」로 알려진 정동진의 바닷가는 해돋이 외에도 시간이라는 주제로 해변을 장식하고 있다. 정동진 해변에서 가장 유명세를 탄 것은 아마 대형 모래시계일 것이다. 정동진의 시간은 정확히 일년 주기를 가리킨다는 모래시계 덕분에 흐르는 것 같다. 대형모래 시계와 나란히 위치한 정동진 시간 박물관도 시간과 시계를 이해하는 중요한 역할을 한다.

　내 고등학교 시절 느꼈던 정동진의 시간은 한가하고 느리게 흘렀던 데 반하여, 사람들로 붐비고 갖가지 시설이 들어선 세련된 정동진의 시간은 더 이상 여유롭게 느껴지지 않는다. 이런 시간의 차이를 느껴서일까? 정동진 시간 박물관은 잊힌 시간 그리고 시간에 대한 소중함을 다시 한 번 느끼게 해준다. 타이타닉호 사건 당시 멈추었던 회중시계는 침몰시간 그대로를 간직한 채 박물관 한쪽에 전시되어 있다. 1912년 4월 15일 새벽 2시 20분! 시계는 침몰시간을 기억한 채 100여 년이 지난 지금도 그때에 머물러 있다.

회중시계처럼 내 고등학교 시절 정동진도 가슴 한쪽에 옛날 모습 그대로 박제되어 있다. 하지만 세월은 나를 너무 먼 곳까지 데려온 것 같다.

정동진 스카이라인에서 가장 돋보이는 물체는 대형 크루즈선을 통째로 산 위에 올려놓은 썬크루즈 호텔이다. 바다를 향해 모든 출항 준비를 마치고, 마치 100m 출발 선상에 선 선수 같은 모습에서 역동성과 바다를 향해 열려 있는 꿈을 느낄 수가 있다. 거듭거듭 밀려드는 동해의 파도! 끝도 없는 파도의 초대에 선박은 움찔거리며 근육을 긴장시키고 있다. 이 땅을 떠나면 미련 없이 그리고 한도 없이 저 넓은 바다를 항해하리! 그 다짐이 그리고 열망이 고스란히 느껴진다.

서울을 출발할 때 나의 기대를 채우기 위해 이 거대한 희망 덩어리로 발걸음을 재촉한다. 꿈결 같은 크루즈, 푸른 바다, 하얗게 갈라지는 포말, 느긋한 휴식 그리고 기적처럼 검은 하늘과 바다를 가르고 솟아오른 붉은 태양. 내가 이곳으로 오면서 꿈꾸었던 것들이다.

호텔 건설 과정 ‧‧‧‧‧

드디어 거대한 선체를 닮은 호텔이 위치하는 언덕에 올랐다. 완벽하게 크루즈 선박을 닮은 건축물! 간간이 보이는 외국인들도 이런 호텔이 신기하기는 마찬가지인가 보다. CNN이 2012년 발표한 '한국의 가장 특이한 숙박지 50곳' 중 1위에 선정되었으니 제법 해외에서도 유명세를 치렀나 보다. 길이 165m, 높이 45m 그리고 더욱 놀라운 것은 조선소에 특별 주문하여 건조한 10층 211객실 3만 톤급 규모의 세계 최초 육상 크루즈 호텔이라는 사실이다.

정동진 임야를 구입해달라는 생면부지 사람의 전화 한 통으로 시작된 호텔 건립! 당시 정동진은 버려진 폐광지였지만, 주변 자연환경이 훗날 대단한 가치를 발휘할 것이라 믿은 창업주는 임야를 사게 된다.

이후 동해와 어울리는 대형 육상 크루즈 유람선을 건조하기로 마음먹는다. 당시 국내에는 크루즈선 설계 경험이 없어 큰 어려움을 겪

•••••• 객실 전망

었으나, 금강선 유람선을 벤치마킹하며 작업에 착수한다. 언덕 위에 임시 조선소를 만들고 선박 건조 과정과 같은 공정으로 차곡차곡 형태를 만들어가며 결국 호텔을 완성한다. 한 사람의 꿈과 성취가 이토록 많은 사람들에게 감동을 줄 수 있다는 것을 동해를 바라보는 언덕 위에서 진하게 느낀다.

드디어 승선! 호텔 체크인을 이곳에서는 이렇게 불러야 할 것 같다. 창 넘어 기대했던 것과 똑같은 바다 풍경이 펼쳐져 있다. 바다가 보이는 수영장에 챙 넓은 모자를 쓰고 앉아 느긋이 바다를 바라보고 싶다.

> 하염없이 잔잔하기도, 넓기도, 넉넉하기도 한 바다.
> 눈이 부시도록 짙푸른 벨벳을 너울대는 바다.
> 사람들 좁은 마음과 가슴에 부드러운 위무를 건넨다.
> 해변과 바다 입구에서 촐랑촐랑거리는
> 모터보터들은 주인을 마중 나온 삽살개처럼 신이 났다.

대형유람선 본체 옆 작은 동산 위에는 조각공원이 있다. 다양한 조각들은 제각기 가장 알맞은 자리에 자연스럽게 놓여 있다. 그중 약속해줘 모양의 조각상은 이 바다를 꼭 기억해 달라는 부탁을 하는 것 같다.

•••••• 프러포즈 전망대

조금만 더 지나면 절벽으로 쑥 나아간 프러포즈 전망대가 있다. 맨 끝단에는 바닥이 유리로 되어 있어 높이가 가늠되는데 발걸음을 옮기기에 주저하게 된다. 하지만 살금살금 발걸음을 옮기면 푸른 동해의 숨결까지 섬세히 느낄 수 있다. 프러포즈 전망대라는 명칭은 이곳에서 사랑 고백이 많이 이루어지는 데서 기인하였다. 이런 이유에서일까? 이곳에서는 유독 젊은 연인들의 다정한 모습을 많이 볼 수 있다.

원래는 조각공원 위에 있었던 범선카페! 조각공원이 확대되면서 범선카페는 바다 가운데인 현재의 위치로 자리를 옮긴다. 범선카페 역시 정동진 바다를 지나가는 유람선을 보고 영감을 얻어 제작하였으며 1999년에 카페로 개장하였다. 동해와 어우러진 범선카페는 초창기 하루 5,000명 이상이 방문하는 대단한 성공을 거두었고, 이후 전국적으로 유행했던 범선카페의 시초가 되었다.

 밤이 깊어가는 호텔! 이 밤의 낭만을 즐기기 위해서는 10층 회전 스카이라운지가 제격이다. 비슷한 구조가 스위스에도 있다. 스위스 쉴 트호른(Schilthorn) 정상의 360도 회전 레스토랑이다. 영화 007을 촬영 했던 장소고, 스위스 자연의 무한경을 감상하며 차를 즐길 수 있다. 낮 에 그리고 화창한 날에 갈 수만 있다면 눈물이 핑 돌 만큼 아름다운 자 연이 기다리고 있다. 하지만 흐린 날이나 밤에는 아무런 감흥을 느낄 수 없다. 이런 점에서 동해와 정동진의 야경을 바라볼 수 있는 회전 스 카이라운지는 밤이라는 조건에서는 절대적으로 스위스 회전라운지를 압도한다.

 '썬크루즈 스페셜 칵테일 동해'를 한 잔 시켜놓고 밤이 깊어가는

범선 카페 ••••••

•••••• 썬크루즈 야경

동해를 바라본다. 음료수 암바사와 파워레이드를 섞은 듯 달콤하고 부
드러운 풍미를 가진 칵테일이 입안 가득 퍼진다. 조금 더 화끈한 조니
워커 블랙도 이 밤과 썩 잘 어울린다. 직선적이고 화끈한 위스키 특유
의 간결한 맛이 마음에 든다. 회전 라운지는 우리를 데리고 천천히 동
해의 모든 것을 보여 준다. 동해의 깊고 푸른 밤이 정겹다. 칵테일 한
잔에 이 밤의 이야기는 익어간다.

　　이른 아침 창문 너머로 뜨는 해를 이곳에서는 기대해도 좋다. 수평
선 건너 솟아오르는 붉은 태양! 사람들이 정동진에서 기원하는 변함

없는 사랑, 건강, 행복, 밝은 미래 등 수없이 많은 희망을 싣고 동해의 해가 떠오르고 있다. 한가지쯤 소원을 준비해서 수평선 저만큼에 보내보는 것은 어떤가? 힘차게 떠오르는 일출과 함께 모든 일이 잘될 것만 같다. 그래서 이곳은 희망찬 내일을 만드는 희망공작소인지도 모르겠다.

가만히 눈을 감고 귀를 열고 상상해본다. 정동진 바닷가를 끼고 달리는 기차, 아담한 해변, 푸른 동해…… 썬크루즈 호텔 전체에서 들리는 뱃고동소리! 출항을 알리는 소리! 마음이 열리고 항해 준비를 마친 선장처럼 가슴에 기대가 펄럭인다. 파도 소리가 귓전에 철썩인다. 시원한 속도를 내며 크루즈선이 바다를 내달리고 있다. 앞으로 힘들고 어려울 때마다 눈을 감고 귀를 연 채로 동해만 생각하면 나는 이런 풍부한 상상 속으로 즉시 돌아올 수 있을 것이다.

힘차게 떠오르는 일출

강원도

강릉시

4 강릉통일공원

3 바다마을횟집
섭 칼국수

1 시간 박물관
모래시계공원

2 썬크루즈
호텔

첫날

• 정동진 도착 — 해변 산책 — 정동진 시간 박물관 — 호텔 체크인 — 조각공원 산책 — 회전 스카
이라운지(10층)

• 정동진 시간 박물관(입장료 1인당 5,000원)

• 회전 스카이라운지(10층)

– 민트프라페(한 잔 12,000원: 입안이 화하고 청량해지는 느낌의 칵테일)

• 점심: 필식당(모둠생선 조림 中 30,000원, 강원도 강릉시 강동면 정동진리 23-1,
T. 033-641-9559)

– 모둠생선: 쫀득쫀득한 식감의 가자미, 임연수, 코다리, 장치 구이.

– 생선 위에 얹은 소스는 아귀찜 양념 맛과 비슷함.

– 바닥에는 국수가 깔려 있어서 같이 즐길 수 있음.

••• 필식당

둘째 날

• 오전 해맞이

• 강릉 통일 전망대(성인 3,000원)

• 점심: 바다 마을 횟집(스페셜 전골 中 40,000원,
섭 칼국수, 강원도 강릉시 강동면 정동등명길 23, T.
033-644-5747)

－스페셜 전골에 전복, 자연산 섭, 명태, 가리비, 기타 채소, 칼국수가 들어감.

－섭 국물에 속이 시원해짐. 자연산 섭은 한입 가득 바다 향을 선사함.

－살짝 익은 전복을 초장에 찍어 먹는 맛도 좋음.

－무우 장아찌는 짜지 않고 아삭거림.

－섭 칼국수는 맵지 않음. 깨끗하고 칼칼한 맛. 쫄깃쫄깃한 칼국수 면발.

숙소

••• 썬크루즈 호텔 전경

• 썬크루즈 호텔(정동진 전망 스탠다드 150,000원 주말 요금)

－ 동해안의 랜드마크 호텔로서 창업주의 호텔 건립과 아이
   디어가 독창적임. 건축에 관련된 자세한 이야기는 9층 전
   망대층 건립 역사관에 전시되어 있음.

－ 정동진과 바다 방향 객실에선 시원한 바다 조망과 정동진
   조망이 가능함.

－ 침구류는 무난하지만, 기타 객실 내 집기 및 시설은 최근 호텔에 비하여 다소 미흡함.

• 썬크루즈 스페셜 칵테일(한 잔 15,000원)은 암바사와 파워레이드를 섞은 듯 달콤하고 부드러운 맛.

아메리카노 + 조각케이크(11,000원), 조니워커블랙 한 잔(10,000원)

안면도, 태안

하늘과 바람과 구름, 구름 사이로 언 듯 비치는 눈 부신 햇살,
가벼운 와인과 함께 밤새 달빛 아래 이야기꽃

거리 가로수는 바싹 마른 잎을 매달고 맨살을 비비고 있다. 가로수
라도 없으면 세월이 가고 오는 것을 알 수 있을까? 회색빛 도시에서
가끔은 불현듯 떠나고 싶은 충동이 일어난다. 가을의 끝 그리고 겨울
초입. 을씨년스러운 가로수를 보면 마음은 더욱더 따뜻한 곳이 그리워
진다.

"가슴이 뻥 뚫리고 시야가 탁 트인 곳으로 가고 싶다!
그곳에서 하늘과 바람과 구름을, 그리고 가끔 구름 사이로 언뜻언
뜻 비치는 눈 부신 햇살을 느껴보고 싶다!

하염없이 낮은 구름 아래서 하얀 눈을 맞이하고 싶다!"

"따뜻한 온수 속에 몸을 깊게 묻고 하늘을 하염없이 올려다보고 싶다! 엷고 달콤한…… 와인과 함께 밤새 달빛 아래에서 이야기를 나누고 싶다. 우리 살아온 이야기, 그리고 친구들 이야기도……."

드디어 딱 맞아 떨어진 그날! 쌀쌀한 겨울의 초입. 흐릿한 하늘에 잔뜩 눈을 품은 날씨! 떠나기로 했다. 근심 없이, 준비도 없이, 아무런 일정도 없이 그냥 갈 수 있는 곳으로. 서해안 바닷가, 안면도 청포대 바닷가 펜션 그곳으로.

가을의 끝을 가르며 서해안 바닷가를 시원스레 내달린다.

눈을 머금은 청포대 바닷가

중국 산둥반도가 지척인 이곳. 언젠가 출장길에서 산둥반도 주민은 우스갯소리로 한국 서해안 닭 우는 소리가 들린다고 했다. 지금 내 마음에는 중국 그 바닷가 어딘가의 닭 우는 소리가 들린다. 마음 가득히…… 아마 그도 그랬으리라! 바다 건너 무언가는 항상 그리움과 궁금함의 대상일 테니!

이윽고 접어든 천수만. 그리고 새들의 군무!

좁게만 닫혀 있는 내 어깨는 힘찬 비상의 날갯짓과 화려한 군무에 한없이 고무된다. 이제 가슴이 좀 밝아진다. 어깨가 펴지는 듯하다. 어느새 군무 속에 날고 있는 나를 발견한다. 바다 냄새 그리고 파도 소리! 오밀조밀한 천수만 근처의 어촌들이 나를 반긴다.

어느 대기업 회장께서 배를 가라앉혀 물길을 막고, 방조제를 완성했다는 곳 서산 간척지. 그곳의 넓은 논은 시원스레 반듯반듯 놓여 있다. 가을걷이가 끝난 빈 벌판에서 지난여름의 노고와 가을의 수확이 함께 느껴진다.

허기를 느끼면서 천수만 그리고 이곳 해안의 먹거리가 궁금해진다. 굴, 새우, 꽃게 그리고 김치, 콩나물! 시원한 국물을 내는 데 두 번째 가라면 서운해할 명물들을 한 솥 가득 섞어 끓인 게국지.* 어! 시

---

* 게국지는 충청남도의 향토 음식으로, 게를 손질하여 겉절이 김치와 함께 끓여 내는 음식이다.

원하다. 시원 칼칼이란 표현이 맞을
까! 해물탕과 김치찌개를 섞은 그
리고 텁텁함 대신 시원함이 가득
한……

"직장의 근심걱정이 그 시원함
속에 싹 쓸려나간다."

몸을 느긋이 담근 창가 욕조에 마
음이 한껏 풀어진다. 도시 생활에 숨
가빴던 갈비뼈 사이사이에 편안함과
한가함이 전해진다. 커피 향과 함께

바다와 욕조 ••••••

하는 욕조는 그 향기만으로도 이미 만족을 이야기한다.

하염없이 바라보는 바다에 그리고 그 하늘에 서서히 저녁 빛이 감
돈다. 흐릿한 하늘에 감도는 눈이 올 것 같은 느낌! 하지만 이 바다는
끝내 저녁노을도 보여주지 않고, 그리고 하얀 눈도 선사하지 않고 저
물어간다. 아쉬움만 잔뜩 주고!

붉은 와인 한 잔은 아쉬움을 달래는 데는 최고이지 않은가? 욕조
의 편안함, 와인의 감미로움, 그리고 지난 우리 이야기가 따듯한 물속
에서 그렇게 풀어지고 있다. 느긋하고 한없이 편안하다!

바라보이는 검은 밤바다, 멀리 등대 불빛이 가무룩거린다. 도시에 지친 내 마음은 그래도 그 불빛을 위안 삼아 일정 부분 항로를 잡은 듯하다. 그래, 이렇게 가면 되지 않을까. 답도 희미하게 헤아려진다.

아침 눈 부신 햇살이 침대 머리에 다가온다. 실눈으로 쳐다본 바다에 언제 그랬냐는 듯 부드러운 파도가 계속 다가온다.

오고 또 오고…… 속삭이는 듯하다.
괜찮다고, 괜찮다고!
지나간 모든 일들도, 어떤 실수도. 마음속에서 다가올 미래도 괜찮다고 부드러운 파도짓으로 다가선다. 햇살이 참 좋다!

여행

해남 절건사 19응이 보

안면암 갯바람 •••••

첫날

• 오전 출발 — 숙소 근처 점심 장소 도착

• 점심: 게국지(2인 세트, 게국지 + 간장게장 or 양념 게장 제공 60,000원)

둘째 날

• 근처 둘러보기: 안면암, 수덕사

• 귀가(수덕사에서 오후 5시경)

• 점심: 홍성 한우(내당한우 총 74,000원, 한우 스페셜 : 부챗살, 토시살 1인분 30,000원, 육회비빔밥
  10,000원, 소면 4,000원)

 - 반찬: 알밥, 우거지 된장국, 생간, 천엽, 감자 샐러드, 김치, 생굴, 나박 물김치, 샐러드, 오
  가피나물, 더덕구이, 낙지 젓갈, 양파 초절임, 육회 서비스

숙소

• 태안 청사포 더 클래식 펜션(로망스 룸 170,000원)

 - 로맨틱한 분위기 연출에 좋음.

 - 창가가 보이는 곳에 대형 저수지가 설치되어 있음.

 - 체크인(오후 3시부터 가능) / 체크아웃(다음 날 오전 11시까지)

 - 온욕하기 좋다. 커피를 내려 먹을 수 있다. 와인 한 잔 마시며 편히 쉬기 좋다.

..... 겨울 맞는 수덕사

같이 둘러보면 좋을 곳

• 수덕사
오랜 세월의 흔적이 느껴지는 천 년 고찰. 경허와 만공스님의 숨결이 느껴지는 듯하다. 수덕사 입구에 위치한 수덕 여관, 이응로 화백 자택과 전시장을 둘러보는 것만으로 여러 감흥을 느낄 수 있다.

• 안면암
바다와 갯벌을 굽어보는 언덕에 위치한 특이한 형태. 바람 부는 겨울 초입, 갯바람을 한껏 볼에 느끼며 이곳에서 바다를 응시해 보는 것도 느낌이 좋다.

지역 먹거리

• 생강 한과(2,000원)
달콤하고 고소하다. 곳곳에 생강 한과를 판매하는 곳이 즐비하다. 부담 없이 조금만 사서 달리는 차 안에서 조금씩 입에 넣어본다. 저녁 와인을 한 잔 한 후에, 그리고 살짝 허기질 때 조금 베어 물어보면 그 느낌이 좋다.

• 호박 고구마(1kg 10,000원)
태안 바닷가를 달리다 보면 지천으로 볼 수 있는 호박 고구마 판매점. 한 상자 차에 실어둔다. 양면 팬에서 익혀진 호박 고구마! 그 맛을 보면 왜 호박 고구마인지 수긍이 간다. 달고 고향 맛이 느껴진다. 여수에서 온 갓김치와 같이하면 그 느낌은 배가된다. 아침 화장실에서도 편안한 기분을 느낄 수 있다.

..... 안면암에서 본 갯벌 그리고 바람

여수, 마산

국화 냄새, 에메랄드 빛 남녘 바다, 창 가득 여수와 밤바다

가을의 중간쯤, 따뜻한 햇살 속에서도 찬 기운이 얼핏 느껴지는, 겨울의 긴 그림자가 그 안에서 자리하고 있다.

어느 시인이 노래한 내 고향 남쪽 바다와 그 파란 물, 그리고 찬 기운이 서려 있지 않은 부드러운 햇살 품은 잔잔한 바다가 그리워진다. 그리고 마음으로 알 수 있는 국화냄새가 같이 있었으면 좋겠다고 생각했다. 바다와 국화냄새, 그리고 "바람에 걸린 알 수 없는 향기!"* 이 정체 모를 향기를 쫓아 남녘의 가을을 내달린다.

시인이 노래한 물새들 나르는, 어릴 적 같이 놀던, 동무 함께했던 마산은 국화꽃 천지였다. 꿈엔들 잊을 수 없다고 했던가! 이곳 수만

---

* 버스커 버스커의 「여수 밤바다」 가사

"마산 가고파 국화 축제장" 국화 무더기 ●●●●●

송이 국화꽃은 내 마음속에 깊은 가을의 여운을 각인한다.
　　그렇게 파도와 국화 내음은 쳐다보는 내 몸 전체에 가득하다!

　　그리고 유행가에 나왔던 "바람에 걸린 알 수 없는 향기"는,
　　나는, 이곳에서 단박에 '그리움'임을 알아챌 수 있다.

　　그래, 나의 그리움도 이제 좀 씻기는 듯하다.

"지난 여름에 대한 그리움!"

진한 커피 한 잔 받쳐 들고 창가에 선다.
가는 가을의 서운함을 내려놓아서일까?
오는 동백꽃 모습에 가슴이 설렌다.

마산에서 동백꽃을 보고 들른 여수. 오동도의 지척을 볼 수 있는

창 넓은 엠블 호텔! 푸르디푸른 가을과 남녘 바다의 푸근함이 커피 여운만큼이나 오래 남는다.

겨울이 느껴지지 않는 아직은 따스한 밤바다에서 지난여름을 회상하고 싶다. 휴대폰에 걸어놓은 유행가가 흘러든다. 감미로운 여수 밤바다!

"여수 밤바다 이 조명에 담긴 아름다운 얘기가 있어
네게 들려주고파 전화 걸어 뭐하고 있냐고
나는 지금 여수 밤바다 여수 밤바다"

창 가득 여수 밤바다,

그리고 큰 도시만큼 화려하지 않은 수줍은 조명이 졸린 듯 점멸한다. 알 수 없는 나의 그리움도 이젠 편안히 잦아든다.

이 편안함은 이국 향기 물씬한 칵테일 치치(chi-chi)보다 세련되며, 헤밍웨이가 그토록 사랑한 모히토(Mojito)의 민트와 라임보다 신선하다. 말아 쥔 칵테일 잔에 낮에 담아 둔 바다와 국화 향내가 나는 것 같다.

행복하고 따듯한 시선을 밤바다로 건넨다.
시인*의 음성이 이제 부담 없이 다가선다.

---

* 허형만 시인의 「여수」

····· 여수, 남녘 바다

"── 평화로운 저녁 노을에 취하고 싶거든
여수로 오라
사랑스러운 꿈의 별빛을 가슴에 품으려거든
여수로 오라"

전라남도
경상남도
마산시
여수시

거창군
함양군 합천군 창녕군
산청군 의령군 일양시 양산시
진주시 함안군 김해시
하동군 마산시 진해시
광양시 사천시 고성군
여수시 통영시 거제시
남해군

¹ 가고파
국화축제장

² 오동도

³ 여수 엠블 호텔

영광군 장성군 담양군
광주광역시 곡성군 구례군
함평군
무안군 나주시 화순군 순천시
신안군 영암군 보성군
목포시 장흥군
강진군
해남군
진도군 완도군

첫날

• 마산 가고파 국화축제장(경상남도 창원시 마산합포구 월남동 1가)
• 여수 엠블 호텔 체크인 — 호텔 즐기기/사우나
• 점심:여수 황소식당(게장 정식1인분 8,000원)
  - 단품 메뉴로 손님 인원에 맞추어 상차림 바로 시작.
  - 게장, 조기 찌개, 기본 반찬(호박 볶음, 김치류, 멍게 젓갈)
  - 멍게 젓갈 맛이 좋음.

둘째 날

• 오동도 산책
• 점심: 엑스포 맞은편 엑스포 횟집(꽃게탕 2인분 36,000원)
  - 회, 계절 요리, 서대회 무침, 꽃게탕이 같이 나옴.

숙소

• 여수 엠블 호텔(호텔 조인 할인 170,000원, 주중 금액)
  - 포근한 상급 오리털 침구, 베개.
  - 일회용 원두커피, 쟈스민 티 제공.
  - 심플하고 고급스러운 실내 소품(휴지통, 비누 선반, 록시땅 비누, 샴푸, 바스, 레몬향 로션).
  - 마레첼로(26층): 클래식한 분위기에서 칵테일.
  - 객실 전망 훌륭함(엑스포장과 바다 조망을 같이 할 수 있음. 밤 야경 좋음)

••• 여수 엠블호텔

5. 온천에서 느긋한 휴식을 원할 때

문경, 수안보, 충주

과거 보려 서울 가던 길, 온천욕 하러 왕이 행차 오던 곳,
중원의 패권을 두고 삼국이 다투던 영욕의 땅

자동차와 전철의 편리함 덕분에 하루에 얼마나 걷고 있는가? 건강 때문에 많이 걸어야 한다고 다짐은 하지만 과연 삼십 분 이상 오롯이 걷기만 한 날이 일 년에 며칠이나 되는가? 그렇다면 자동차가 없던 시절 선조들은 어떻게 물건을 나르고, 소식을 전하고 또 어떤 형태의 길을 만들어 이용하였을까? 현대화 물결에 따라 산 아래 굴을 뚫는 일도, 강 위에 다리를 놓는 일도, 더욱이 300km가 넘는 고속철도를 건설하는 작업도 그리 놀라운 일은 아니다. 하지만 때론 괴나리봇짐에 짚신을 매달고, 청운의 꿈을 이루기 위해 고개를 넘던 선비들의 유유자적이 궁금하지 않은가? 삶의 애환과 고단함을 등짐 가득 메고 산하의

숱한 고개와 나루를 건너던 보부상들은 어느 지름길로 다녔을까? 걷기에 자신 없는 현대인이지만 햇살 좋은 날, 꼭 그 옛날 그 길을 걸어보고 싶다면 '문경새재'로 달려가면 된다.

선비들은 지성과 인격을 겸비한 우리 전통사회의 구심점이었다. 하지만 개인적으로 보면 한 가정의 가장이며, 입신양명하여 가문을 빛내고 본인의 웅지(雄志)를 펼쳐야 하는 피할 수 없는 숙명을 가진 존재이기도 했다.

요즘 경쟁이 심하다고 하지만 어찌 그 시대엔들 경쟁이 없었을까? 조선 시대 과거는 소과·문과·무과·잡과로 나누어져 있었고, 각각에 정기시(정시시험)와 부정기시가 있었으니 얼마나 많은 입지자들이 청운의 꿈을 품고 한양으로 향했을까?

시험 때문에 하루 공부가 시급한 상황이었을 텐데 어찌 안전하고 빠른 지름길이 필요하지 않았겠는가? 동시대의 모든 사람들도 각자의 목적에 따라 이런 신기루 같은 길이 필요했을 것이다. 관원들이 지켜주어서 안전하기도 하고 가장 단거리로 빠르게 갈 수 있도록 설계된 길! 영남대로(嶺南大路)는 이렇게 해서 만들어졌다. 조선왕조 설립과 함께 전 국토에 X자 형태의 간선도로망이 구축되었는데, 특히 인구가 많이 분포하고, 물산이 풍부하게 생산되는 한양과 부산의 동래를 연결하는 간선도로가 탄생하게 된 것이다. 영남대로는 이렇게 시대를 향유하며 수많은 물자와 사람들이 넘실대던 우리 민족의 대동맥이었다.

•••••• 문경새재를 넘는 선비

　예전이나 지금이나 중요한 일을 앞두고는 사소한 것에도 주의하고 경계하는 것은 같은 이치리라! 하물며 개인뿐만 아니라 집안 전체를 위해서도 물러설 수 없는 일생의 중대사인 과거시험 길에야 두말할 나위가 없으리라! 문경새재의 '문경(聞慶)'은 '경사스러운 소식을 듣는다'란 뜻을 가지니, 과거를 보러 가는 선비들은 부득불 이 고개 넘기를 희망하였을 것이다. 각자가 살고 있는 고을에 따라 한양을 가려면 '추풍령'을 넘을 수 있고, '죽령'도 넘을 수 있었으리라! 하지만 추풍령은 '추풍낙엽처럼 떨어진다'라는 어감 때문에, 그리고 죽령은 '죽죽 미끄

문경새재 과거 길 •••••

러진다'는 연상 때문에 극구 과거 길에는 기피했다고 한다. 본질적인
목적인 빨리 가는 것에 있어서도 문경새재는 14일, 죽령은 15일, 추풍
령은 16일 정도에 한양 땅에 당도할 수 있었으니, 어쩌면 문경새재가
사랑받는 이유는 당연할지도 모르겠다.

　하지만 급제한 소수를 제외한 대부분 과거 응시생들은 낙방의 고
배를 마셔야 했을 것이다. 과거시험 합격이라는 꿈은 사라지고, 낙담
하여 고향길로 향하며 만나는 문경새재는 더욱 힘든 고개였으리라!
도대체 얼마나 많은 짚신이 닳아야 고향 땅에 도착할 수 있나? '새도
날아서 넘기 힘든 고개' 문경은 그야말로 낙방객에게는 고역의 고개였
으리라!

여행,

제4부 옛길의 아름다움

•••••• 짚신

험한 산길은 양 창자와도 같고
위태로운 봉우리 말귀처럼 기이해
한 뼘 나갔다가 다시 돌아서야 하니
조심해서 더딘 것을 탓하지 마소서.

〈출처: 옛길 박물관 전시물에서〉

176

문경새재 오픈 세트장 ●●●●●

한양을 향하는 절절한 마음이 현대인들에게도 통했는지, 문경새재
의 제 1관문인 '주흘관'을 통과하면, 한양을 그대로 옮겨놓은 듯한 사
극 오픈 세트장이 건설되어 있다. 안방극장에서 방영되었던 수많은 사
극들이 이곳에서 제작되었고, 드라마이긴 하나 수많은 왕과 제상 그리
고 주요 관직을 맡은 주인공들이 문경새재 아래에서 열연을 하고 있
으니 참 아이러니하지 않을 수 없다. 아마도 청운의 꿈을 안고 이 재를
넘던 선비들의 기원이 모여, 가상이지만 이곳에 이렇게 훌륭한 왕도를
만들게 하지 않았을까?

문경새재 높은 산세를 몇 시간씩 이야기를 쫓아 헤매다 보면 도시에 길든 말랑말랑한 근육과 발바닥에 피곤이 가득하다. 이럴 때 두 귀가 번쩍 뜨이는 희소식이 있다. 일명 '왕의 온천'이라 불리는 수안보온천이 근처에 있다는 사실이다. 온천으로 역사에 기록된 것이 약 1천 년 전 고려 현종(1018년) 때니 수안보온천의 유서 깊음은 단연 으뜸이다. 이후 조선조의 숙종 임금을 비롯한 수많은 왕들과 제상 그리고 시대를 풍미하던 영웅들이 수안보의 욕객(浴客)으로 이곳을 찾았으니, 수안보 고을은 그야말로 사철 고관대작들이 북적이는 영험한 온천이었다. 한 번을 목욕하면 하루를, 두 번을 목욕하면 이틀 수명이 연장된다는 명지천(命之泉)이라는 별칭까지 있으니 그 명성이 하늘에 닿았으리라! 이런 사실을 놓고 보면 '왕의 온천'이라는 지칭은 그냥 불리는 허명만은 아니었으리라!

왕가의 발걸음이 많았던 수안보온천!

그 옛날 선인들은 무거운 생활의 짐을 어디에서 풀고 내려놓았을까? 국가를 경영하고 민생을 책임지던 위정자들 마음의 무게는 더욱 무거웠으리라!

자연 용출되는 56도의 온천수는 그 옛날 신비의 물 그 자체였을 것이다. 그저 노천에서 편안히 자연이 준 선물에 몸을 담그고 있으면 정치사와 인간사, 무엇이든 깊은 시름의 일정 부분은 덜 수 있었으리라! 이곳 수안보에 오면 그 흔적과 발자취를 찾을 수 있고, 잠시 삶의 위안을 받던 선조들을 되새길 수 있다.

구 수안보온천 호텔 •••••

　　1916년 세워진 수안보 대중원탕 모습을 보면 이곳 수안보가 얼마
나 시대를 뛰어넘어 사랑받았는지 가늠할 수 있다. 가히 국내 온천문
화 발원지라 해도 손색이 없다. 현재 수안보는 거대한 스파 단지가 되
어 당시 못지않은 화려한 영화를 그려내고 있다. 특히 수안보 온천수
는 전국에서 유일하게 지방자치단체인 충주시에서 관리하고 공급하는
시스템을 갖추고 있다. 오늘 하루 왕이 되어 수안보 따뜻한 온천에 몸
을 담가보는 것은 어떨까?

　　온천으로 출출해진 허한 속을 달래는 데 수안보에는 특별한 메뉴

179

•••••• 탄금대

가 기다리고 있다. 수안보에서 지척인 월악산은 우리나라 5대 악산(嶽
山)에 속하는 명산이다. 산이 커서인지는 몰라도 이곳에 유독 깃들어
사는 꿩들이 많았다. 자연스레 수안보온천 근처에서는 꿩고기 요릿집
을 많이 볼 수 있다. 꿩 코스 요리로 이색적인 맛 체험을 희망하는 여
행객에게는 안성맞춤이다. 코스 요리는 담백한 육수와 신선한 채소 그
리고 꿩 샤브용 고기를 이용하여 다양한 요리방법을 선보인다. 단단
한 육질을 가진 꿩고기는 쫄깃거리는 식감을 가졌으며 오래 씹으면 고

소한 맛이 난다. 고기 누린내가 없고, 고추냉이장에 찍어 먹는다. 최근 수요를 맞추기 위해 이 지역은 전국에서 가장 많은 꿩을 사육하고 있다.

몸이 풀어지고 맛난 별미로 배가 든든하니 어찌 흥취가 나지 않겠는가? 보통 충주 하면 수안보와 탄금대를 연상하지 않는가? 남한강과 달천강의 합수머리에 유명한 '탄금대(彈琴臺)'가 위치한다. 탄금대라는 명칭은 악성 우륵 선생이 가야금을 탔다는 데서 유래했다. 우륵 선생이 12줄 가야금을 처음으로 연주한 곳이 이곳이다. 가야국의 멸망을 예측한 우륵은 제자 이문과 함께 신라로 망명하였으며, 진흥왕은 우륵을 받아들여 국원성(충주)에 살게 하였다. 이후 우륵은 왕이 보낸 사람들에게 가야금, 노래, 춤을 가르쳤고, 우륵이 지은 음악은 이후 신라의 궁중 음악이 되었다.

우륵은 유유히 강물이 합쳐지는 이곳 절벽 정상에서 고향을 그리워하는 망향의 곡조를 연주하였으리라! 소나무 숲이 우거진 탄금대 공원의 황톳길을 따라 걷노라면 은은한 가야금 소리가 들리는 듯하다.

충주의 옛 이름은 국원성이었다. 이곳은 한강 유역을 중심으로 치열한 각축전을 벌이던 삼국시대의 중심지며, 삼국의 힘이 부딪히는 곳이기도 했다. 국토의 중심, 즉 '중원(中原)'이라는 표현에서도 볼 수 있듯이 이곳은 어느 나라에게도 양보할 수 없는 중요한 요충지였다.

분단의 현실 속에서 고구려 흔적을 찾기 쉽지 않은 상황을 고려할

•••••• 충주 고구려비

때, 충주는 그 아쉬움을 달래줄 수 있는 귀중한 발자취를 보존하고 있다. 5세기 중엽에서 6세기 초반, 70년간 고구려와 신라 사이에 힘의 관계를 보여주는 '충주 고구려비'를 접할 수 있기 때문이다.

고구려가 한강 이남에 진출하고, 남한강 유역의 주도권을 잡기 위한 거점으로 국원성에 거주하였다는 결정적인 증거를 비문은 전하고 있다. 당시 고구려는 요동지역을 포함한 충북과 영남지방까지 그 융성한 세력을 미쳤다. 이런 의미에서 충주는 고구려 영토의 최남단에서 남방경영의 전초기지 역할을 수행하였다.

비문에 의하면 고구려는 신라를 '동이'라 칭하고, 신라의 왕을 '매금'이라 호칭하였다. 고구려가 신라를 '동이'라 칭하는 것은 스스로가 천하의 중심이라 생각하는 사상을 갖고 있었다는 것을 뜻한다. 아울러 왕을 '매금'이라 낮추어 칭하는 것은 동아시아의 강자로서 위상을 보유하였음을 나타낸다. 실제로 고구려는 서양보다 1,000년이나 앞선 시기에 철갑전사인 개마무사 부대를 운영하였다. '개마'란

말에 갑옷을 입힌 것을 의미하며, 적들은 창과 화살로도 쉽게 이들을 쓰러뜨릴 수 없었다.

　최강의 전투력을 보유한 고구려와 그들이 운영한 방대한 영토, 그리고 놀라운 시대 문명 등을 조금이나마 충주 고구려 전시관에 들르면 볼 수 있다. 안악 3호분 벽화(북한 국보 28호)를 주제로 한 전시관에서는 357년에 완성된 고분임에도 불구하고, 현실처럼 생생하게 그 시절 고구려를 재생하고 있다. 250명이 그려져 있는 대행렬도에는 기마악대, 기수, 호위보병, 기병들이 그림을 박차고 뛰어 나올 정도로 생생히 그려져 있다. 또한, 마구간, 우물, 고깃간, 마차 차고 등 그 시절 소소한 일상사도 접할 수 있다. 전시관에서 고구려는 마치 옆에 있는 것처럼 생생하다.

　과거를 보려 서울로 가던 길, 온천욕을 하러 왕이 행차를 오던 곳, 중원의 패권을 두고 삼국이 다투던 영욕의 땅! 중원에서의 여행은 오래된 친구를 만난 듯 그렇게 반갑고 또 긴 여운으로 남는다.

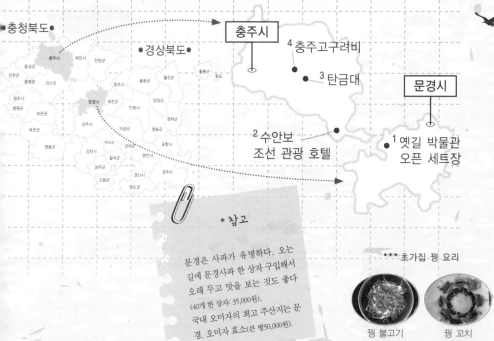

충청북도 • 경상북도 •

충주시
4 충주고구려비
3 탄금대

문경시

2 수안보
조선 관광 호텔

1 옛길 박물관
오픈 세트장

음성군 제천시 단양군
진천군 충주시 과산군 영주시 봉화군 울진군 울릉군 독도
청주시 보은군 안동시 양양군
청원군 문경시 예천군 영양군 영덕군
옥천군 상주시 의성군 청송군
영동군 김천시 구미시 군위군 포항시
칠곡군 영천시
성주시 대구 경산시 경주시
고령군 청도군

*참고

문경은 사과가 유명하다. 오는
길에 문경사과 한 상자 구입해서
오래 두고 맛을 보는 것도 좋다
(40개 한 상자: 35,000원).
국내 오미자의 최고 주산지는 문
경. 오미자 효소(큰 병50,000원).

•••• 초가집 꿩 요리

꿩 불고기   꿩 꼬치

꿩 탕수육   꿩 만두

꿩 샤브샤브 고기   꿩 샤브샤브 육수

꿩 육회   꿩 훈제다리 날개

첫날

• 문경새재 옛길 박물관(입장료, 성인 1,000원)
• 문경새재 오픈 세트장(입장료, 성인 2,000원)

둘째 날

• 수안보 온천욕 — 탄금대 — 충주 고구려비 전시관
• 점심: 초가집(꿩 샤브샤브 3~4인분 80,000원 – 충주시 수안보면 온천리 223,
  T. 043-846-3314)
– 꿩으로 요리되는 다양한 음식을 맛볼 수 있음.
– 꿩 꼬치는 양파, 표고버섯, 파, 은행, 꿩고기를 재료로 하였으며, 같이
  내놓은 생감자, 흑임자 소스 맛도 좋다.
– 요리의 주재료인 꿩고기 맛이 음식 전체에 은은히 느껴진다.

숙소

•••• 수안보 조선 관광 호텔

• 수안보 조선 관광 호텔(트윈·조식·온천수 유슨 148,000원, T. 043-848-
  8833)
– 호텔은 오래되었으나 나름 괜찮음.
– 조식은 양식과 한식을 섞어서 종업원이 서브해 줌.

담양

죽순 자라는 소리, 댓잎 사각거리는 소리,
느리고 천천히 자연 속으로 산책과 온천

　땅 기운을 받아 쑥쑥 자라는 죽순을 상상해 보았는가? 죽순 자라
는 소리, 대나무 잎의 사각거림을 들으며 느리고 천천히 자연 속으로
걷는 상상을 해보았는가?

　바쁨이 없을 것 같은 도시, 봄의 푸름과 아름다운 숲길, 그리고 온
천에서의 나른한 휴식을 기대하는가? 나는 봄의 끝자락에서 이 모두
를 만족시킬 수 있는 도시, 담양을 생각한다.

　담양으로 가는 길은 마치 시간 여행을 떠나는 듯하다. 서울을 빠져
나가기까지 끝없는 차량 행렬, 줄을 서서 고속도로를 빠져나가는 차량

물결. 이 답답한 행렬은 내가 부대끼는 삶의 모습 그대로다.

하지만 조금씩 빨라지고 넓어지는 길을 따라 마음이 열리고, 나는 점점 도시를 잊어버리고 있다. 이윽고 키 큰 가로수와 시골 풍경이 펼쳐지면서 현실보다는 추억을, 어려움보다는 즐거웠던 일들만 떠올릴 수 있게 된다. 그래서 담양 가는 길은 추억 여행이고 시간 여행이다.

담양 근처에 정말 멋있는 길, 꼭 한 번 가보아야 할 길을 꼽으라면 담양에서 순창으로 가는 24번 국도를 들 수 있다. 이 길은 담양시 학동교 다리에서 시작되어 전라북도 순창 경계선까지 이어지는 메타세쿼이아 가로수 길이다. 전국적으로 가로수 조성 사업 붐이 일었던 1970년대 초에 담양시가 묘목을 심은 것이 잘 자라 현재에 이르고 있다. 그동안 수많은 개발과 도로 확장 압력 속에서도 살아남아 우리 곁에 아름답게 남아준 동화 같은 도로다. 나는 도로를 천천히 음미하며 왔던 길을 다시 가고, 갔던 길을 다시 오며 담양의 싱싱한 생명력에 취하고 있다.

'아름다운 숲 전국대회 부문 대상', '한국의 아름다운 길 100선 최우수상'. '꼭 한번은 걷고 싶은 길'. 메타세쿼이아 길이 수상한 타이틀들이다. 그 명성과 이름에 걸맞게 수많은 사람들이 이 길을 걸으며 사랑을 속삭이고, 마음을 다독이고, 가정의 행복을 기원했으리라!

••••••24번 국도 메타세쿼이아 가로수 길

메타세쿼이아 가로수 길,

짙은 녹음 냄새,

좌우로 도열한 높이 20미터의 나무군들!

이 숲 속을 걸으며 나는 추억으로 여행을 떠난다.

하늘을 향해 대칭으로 두 팔을 높게 올린 나무들!

봄을 향한 지상의 감사 축연 같다!

이 아름다운 계절을 위해, 빛나는 자연의 아름다움을 위해,

나도 감사의 두 팔을 하늘을 향해 뻗는다.

느리게 걷고 생각하기의 정점은 메타세쿼이아 길과 이어지는 '죽녹원'에서 느낄 수 있다. 여유롭고 신선한 길 그리고 녹색여행의 감동은 죽녹원 매표소를 지나자마자 온몸 가득 밀려든다.

천연 대나무 숲길에 들어선다. 대나무 숲의 안과 밖의 온도가 4~7도 정도 차이가 난다고 하지 않던가! 몸의 열기가 금세 사그라지고 청량감이 느껴진다. 눈에 가득한 싱그러움, 후각을 통해 느껴지는 숲 냄새와 폐부 깊이 들어차는 깨끗한 산소, 드디어 죽림욕이 시작된다. 숲에서 발걸음을 더할수록 숲이 내뿜는 음이온 덕분인지는 몰라도 시원함은 몸에서 마음으로 깊게 전달되고 있다.

잠시도 마음이 바쁘지 않은 적이 없고, 마음먹은 것이 하루에도 수십 번씩 엎치락뒤치락 바뀌기가 다반사인 현대인들을 생각해보면 대나무의 모습은 경외 그 자체다. 사계절 변함없는 푸름, 곁으로 한 번 눈길도 주지 않고 하늘로 곧게 곧게 자라는 정직성! 이런 속성을 어찌 흉내라도 낼 수 있겠는가? 그래서인지는 몰라도 대나무를 쳐다보고 있으면 머리가 맑아지고 마음의 부유물들이 깨끗이 정리된다. 이런 현상은 대나무가 주는 뇌파촉진 효과 때문이기도 할 것이다. 대나무는 숲 속에 비범하게 자리한 정자와도 조화롭다. 지조와 절개를 생명처럼 여기는 선비를 정자에서 만날 수 있을 것 같다.

여행,

내 마음의 가다랑어 가게

•••••• 대나무 숲길

쏴아, 쏴아…… 대숲에 바람 지나는 소리!
수를 헤아릴 수 없는 대나무 사이를 바람이 지나간다.
바람을 좇아 대나무들은 몸을 이리저리 뒤튼다.

휘영청 큰 키를 주체 못 하고,
온몸을 꺾어가며 바람에 몸을 내맡기고 있는 대나무!
격렬한 바람은 대나무 전체를 흔들며 지나가고 있다.

잠시의 격정 뒤에 바람을 따라 깊숙이 몸을 내어 준 대나무가
힘겹게 제 몸을 일으키고 있다.
바람이 지날 때마다 요란한 군무가 대밭에 지나간다.
파도 같은 깊은 소리가 대밭을 지난다.

초록빛 머리채를 이리저리 흩날리며 푸른 댓잎을 하늘에 흔들고 있다.
웅장한 고향곡이 숲 전체에 가득하다.
쏴아, 쏴아…… 우수수…… 댓잎이 사방으로 흩날린다!
대숲에 요란한 광풍이 지나고 있다.

잠잠하던 고요를 깨고, 흐린 하늘, 바람 그리고 빗방울이 만들어내는 엄청난 대숲의 요동이 순식간에 다가선다.

구름과 비가 그친 후 울울창창 빽빽한 대나무 사이로 푸르게 하늘이 빛나고 있다. 이제는 좌우 앞뒤로 부드럽게 몸을 흔들어 대는 나무의 몸짓이 사랑스럽다.

죽순이 자라는 소리, 쑥쑥 대지를 박차고 일어나는 소리, 이 봄 대숲에서 우리는 몸의 세포를 가득 열고 대나무를 느껴볼 만하다.

푸른 하늘에서 햇볕 쏟아지는 소리!
댓잎에 빛이 부딪히는 소리!
댓잎 떨어지는 소리!

대숲을 지나는 비바람 ●●●●●

댓잎 이슬 먹고 크는 죽로차 자라는 소리!
살갗에 전해지는 대나무의 향기!
아름다운 빈 의자에서 누군가와 하염없이 도란도란 이야기 나누고
싶다!

강과 숲으로 둘러싸인 호젓한 방죽 산책길 관방제림! 천연기념물
보호수로 지정된 300년 이상 된 117그루의 거목을 옆에 끼고 여유를
만끽해보자! 해마다 홍수로 담양천변의 주민들이 피해를 당하자 지방
관리들은 제방을 쌓고 나무를 심었다. 시작은 일종의 방제림에서 출발

•••••• 관방제림 옆
국수 거리

하였다. 조선 인조 26년인 1648년으로 거슬러 올라가니 역사가 유구하다. 선조들의 지혜를 느끼며 1.2km 길을 걷다 보면 속이 출출해진다. 좋은 공기와 아름다운 생각들을 한 후에 느끼는 건강한 배고픔이 전해진다.

이때 관방제림 국수 거리는 그리 반가울 수 없다. 멸치 육수 냄새가 구수하게 다가온다. 마음에 드는 국숫집 한군데를 정하여 두 다리 쭉 뻗고 앉아 국수 한 그릇 시켜본다. 식전 음식으로 먹는 약달걀 한 알 맛도 근사하다. 멸치국수 국물 맛이 시원하다. 국수가 참 달다.

아스팔트에 익숙한 도시인들에게 자연 속에서 종일 도보로 다니기란 수월한 일이 아니다. 다리가 아프고 몸이 욱신욱신하다. 담양이 가진 매력 중의 하나는 이런 여행자들을 위한 '웰빙 온천여행'이 가능하다는 사실이다. '죽림욕'의 여흥이 미처 가시기 전에 이번에는 '온천욕'으로 갈아타 보는 것은 어떻겠는가?

담양온천에 들어서면서 다시 가는 비가 내리고 있었다. 노천탕에서 온몸으로 가는 비를 느껴본다. 언제 이렇게 유쾌하게 온몸으로 자연을 맞이해 보았던가? 자연인이었던 인간 본성에 가장 충실한 상태에서 온몸 가득 느끼는 빗방울! 시원하고 상쾌하다. 회색빛 하늘에서 촘촘히 떨어지는 5월 하늘의 꽃 비. 얼굴 가득히 떨어지는 빗방울을 느껴본다. 노천탕에 심어져 있는 편백, 동백나무를 쳐다보며 몸을 깊숙이 담그는 것도 즐겁다. 조금만 시선을 올리면 어릴 적 쳐다보던 앞동산 같은 산들이 나지막이 엎드려 있다. 산들은 대지에서 피워 올리는 생명력으로 온통 초록빛을 발산하고 있다. 따뜻한 온천 느낌, 몸의 나른함, 정신적 만족감이 함께한다.

담양에서 편한 하루를 지낸 후, 자연을 거스르지 않고 인간과 자연의 조화를 담아낸 '소쇄원'으로 향한다. 소쇄원은 양산보(1503~1557)가 산수가 좋은 곳에 만든 별장식 정원이며, 살림집 기능은 없었다. 스승인 조광조의 죽음 이후 낙향하여 본인이 어렸을 때 꿈꾸던 마을 뒷 계곡에 꿈같은 세계를 건설하였다. 양산보의 호인 '소쇄(瀟灑)'에서 유래하였으며, "맑고 깨끗하다는 의미"를 지니고 있다.

흥미로운 것은 자연 자체를 정원과 뜰로 품도록 설계되었다는 점이다. 건축물들은 자연을 해치지 않고 꼭 필요한 곳에만 소박하게 내려 앉아 있다. 이런 이유에서 수많은 조선 중기 선비들의 교류처 역할을 했다. 지금도 가만히 정자에 앉아보면 그 시절 선비들의 멋과 풍류

•••••• 우암 송시열이 쓴 소쇄원 문패

를 오롯이 느낄 수 있다. 특히 소쇄원은 다른 지역 문화재와 다르게 사람들이 자연스럽게 다가와 걸터앉아도 보고 그 속에서 자연을 쳐다볼 수 있어 훨씬 정감 있다.

'비 개인 하늘의 상쾌한 달'이란 의미의 '제월당(霽月堂)'과 '비 갠 뒤 해가 뜨며 부는 청량한 바람'이란 뜻의 '광풍각(光風閣)'! 소쇄원의 대표적 건물 이름만 들어보아도 양산보가 이루려던 꿈이 느껴지는 듯하다. 돌을 섞어 쌓은 흙담 위에 송시열이 쓴 문패인 '소쇄처사양공지려(瀟灑處士梁公之廬)'가 선명히 빛나고 있다. '소쇄'라는 벼슬하지 않은

'제월당'에서 자연을 감상하는 사람들 •••••

처사선비인 양공의 오두막'이라는 뜻이다. 아름다운 정원에 꼭 맞는 문패다.

자연 속에서 나를 돌아보고 싶을 때, 그리고 선인들의 정취와 시 짓는 소리가 듣고 싶을 때 문득 소쇄원에 들러보면 어떨까?

담양시가 사용하는 슬로건은 '자연 그대로 향기로운 담양'이다. 참 공감 가는 문구다. 아름다운 숲길 산책, 죽녹원의 싱그러운 봄, 관방제림에서의 느린 산책, 온천에서의 나른함…… 담양 곳곳의 푸릇푸릇함에 묻혀 행복한 휴식을 보내보면 어떨까? 온몸에 담양의 향내가 나는 듯하다.

전라남도
장성군
영광군   담양군   곡성군   구례군
함평군 광주광역시
무안군   나주시   화순군   순천시   광양시
신안군   목포시 영암군   장흥군   보성군   여수시
진도군   해남군   고흥군
강진군
완도군

담양군

¹담양 리조트 호텔
³죽녹원   ²메타세쿼이아 길
⁴관방제림 국수 거리

⁵한국가사문학관

⁶소쇄원

담양 애(愛)꽃

첫날

• 국도 24번 길 드라이브.

• 메타세쿼이아 길 산책(입장료 성인 1,000원).

• 죽녹원 산책(입장료 성인 2,000원).

• 관방제림 산책.

• 관방제림 국수 거리에서 국수 먹기(멸치국수 4,000원, 약달걀 3개 1,000원).

• 담양온천에서 온천욕.

• 점심: 담양 애(愛)꽃(떡갈비 반반 정식 1인당 15,000원, T. 061-381-5788).

  – 한우와 한돈을 사용하는 토종 떡갈비 전문 업소.

  – 전화로 대기번호 예약하고 1시간 30분 대기(일요일일 경우).

  – 죽순 밥, 민들레 무침 등 건강 반찬도 제공되고 깔끔함.

  – 부드럽고 촉촉한 소 떡갈비, 명이나물 또는 묵은지에 싸 먹는 맛이 좋음.

  – 기름지지 않고 양념이 강하지 않음. 그냥 먹어도 짜지 않음.

둘째 날

• 소쇄원(입장료 성인 1,000원).

• 한국가사문학관 방문(입장료 성인 2,000원).

참고

담양 10味는 대통밥, 한우떡갈
비, 돼지숯불갈비, 창평국밥, 한
우생고기, 메기젬, 한과, 죽순요
리, 한정식, 국수를 말한다.

···› 대숲에 물 흐르는 밥집

- 점심: 대숲에 물 흐르는 밥집(대통밥 1인당10,000원, 숯
  불 돼지갈비 200g 12,000원, T. 061-383-8686).
- 기름기가 빠진 숯불 향 가득한 돼지 숯불갈비.
- 죽순회, 굴비 등 깔끔한 밑반찬.
- 대통 안에 찰밥, 대향 느껴지는 듯 향긋함.

숙소

- 담양 리조트 호텔(157,000원, 주말 큼액).
- 온천과 같이 있는 호텔.
- 담양에서 숙박하기에 우수한 대안이 없는
  상황에서 차선책이 될 수 있음.

···› 담양 리조트 호텔

- 숙박 손님에게 온천 무료권을 줌. 담양온천
  에는 대나무 액탕, 달맞이 꽃탕, 편백사우나
  등 다양한 시설이 갖추어져 있음.
- 메타세쿼이아 길, 죽녹원과 비교적 근접한 위치.
- 욕실에서는 지하 100m에서 올라오는 온천수를 사용할 수 있음.

청남대, 유성온천

국가 최고 권력을 가진 공간으로의 여행, 왕들의 휴식

해외여행에서 만나는 유럽 국가들의 궁전! 대단한 권력의 상징! 수를 헤아리기 어려운 재물과 화려한 금박 부조물 그리고 복도에 늘어서 있는 영화로웠던 시절의 그림들! 그뿐인가! 궁에서 사용하던 당시의 도자기며 생활용품까지 세밀하고 꼼꼼히 전시해놓은 왕궁을 걷다 보면 마치 그 시절 속으로 빨려 들어가는 것 같다. 왕가의 생활 그리고 국가 최고 권력을 가진 공간으로의 여행은 대단히 매력적이고 궁금하기 이를 데 없다.

우리에게도 서울에 조선 시대 여러 궁들이 있지 않은가? 하지만 좀 더 가까운 시기에 그리고 불과 얼마 전까지만 해도 미디어를 통해서 늘 접하던 최고 권력의 숨결을 한 곳에서 느낄 수 있다는 것은 대중

대청댐 입구 ••••••

들에게는 흥미롭고 즐거운 체험임이 틀림없다. 더욱이 휴가 중 잠시 머무른 곳이지만 그들의 생활공간, 흔적, 고민 등을 함께할 수 있다는 것은 솔깃하기 이를 데 없다. 가장 높은 사람들은 어떤 고민을 하고, 또 어떻게 휴식을 취하고, 힘든 마음을 내려놓았을까? 이런 것들이 문득 궁금해지면 '청남대'에서 다소나마 해소의 실마리를 찾을 수 있다.

대청호 가는 지방도 32번 길, 호수와 시선을 맞추고 천천히 드라이브하기 좋은 길이다. 잔잔하고 넓게 펼쳐져 있는 수면에 마음 주고 한적한 길을 따라가다 보면 어느새 마음에 빈 구석이 생기고 홀가분한 기분을 느낄 수 있다. 댐의 담수 때문에 산허리까지 물을 끼고 잠겨 있는 산봉우리들을 보고 있으면 얼마나 많은 사연이 그 안에 잠겨 있을까 궁금해진다.

대청댐 수문 옆으로 오르는 길을 따라 정상부에 올라서면 대청댐의 위용이 한눈에 들어온다. 높이 72m, 길이 495m 규모에 부피 123만 4,000m³의 물을 저장할 수 있는 엄청난 시설이다.

대청댐은 4대 강 수자원 개발 계획으로 1975년 3월부터 건설을 시작하여 1981년 6월에 완공하였다. 금강 하류부 연안과 만경강 유역의 6만 6,000여 ha 농경지에 연간 3억 5,000만 m³의 용수 공급 및 홍수조절을 담당하고 있다. 우거진 신록과 함께 충만감에 넘실거리는 자연의 젖줄을 바라보고 있으면 마음이 넉넉해지는 것을 느낄 수 있다.

이렇게 푸근한 자연의 품 안에 잠시 안기어 휴식과 사색에 잠기고 싶은 감정은 인간이면 누구나 갖게 되는가 보다! 청남대의 탄생은 이러한 배경에서 출발한다. 대청호반과 완벽하게 조화를 이루는 곳 그리고 마치 육지지만 섬에 있는 듯한 착각을 주는 절묘한 위치에 청남대가 건설되었으니 말이다.

하지만 이곳은 1983년부터 대통령 공식 별장으로 사용되기 시작해서 2003년 충청북도에 이양될 때까지 20년 가까이 국민들에게는 신비에 싸인 접근 금지구역이었다. 대청호반 아늑한 물가에 건설된 청남대(清南臺)는 그 명칭만큼이나 아름답다. '따뜻한 남쪽의 청와대'라는 의미답게 사계절 아름다운 모습을 갈아입은 각종 조경수와 야생화로 꾸

청남대 진입로 ••••••

며져 있다. 면적이 184만㎡에 달하니 규모에 있어서도 조그마한 별천
지라 해도 과언이 아니다.

  청남대와 비슷한 어감의 청해대(靑海臺) 역시 대통령 휴양시설이
다. 경남 거제시 장목면의 섬에 있고, 1973년부터 박정희 대통령의 별
장으로 사용되었다. 이곳은 일명 '바다의 청와대'로 불리고 있다. '육
지 속의 섬'과 '바다의 섬' 그리고 그곳에 위치한 대통령 휴양시설! 참
으로 그곳은 어떤 곳인지 궁금해진다.

  청남대 가는 길에 아름다운 진입로를 만나게 된다. 2005년 건설교
통부 주최 한국의 아름다운 길 100선에도 선정된 이 길 좌우에는 백합

•••••• 청남대 입구

나무가 도열하고 있다. 푸른 녹색의 잎을 싱그럽게 달고 좌우로 도열
한 키 큰 백합나무 사이를 기분 좋게 드라이브하게 된다. 새로운 공간
으로 옮겨간다는 생각과 무엇을 보게 될 것인가에 대한 기대감 때문에
마음이 설렌다. 호수를 거쳐 온 신선한 바람과 수십 년간 철저히 출입
이 금지된 지역에서 풍겨 나오는 신비감이 이 길을 더욱 비범하게 만
든다. 차가 없는 한적한 곳에서 드라이브를 하다 보면 길 가운데에서
여유를 부리고 있는 고라니 녀석을 만나기도 한다.

천천히 마치 대통령이 된 듯한 기분으로 진입로에 늘어선 키 큰 나무들의 환영을 받아보자! 머리를 들어 스쳐 지나가는 하늘과 나무 꼭대기에 걸려 있는 나뭇잎들을 느껴보라! 지금 이 순간만큼은 내가 이곳의 주인이라는 느낌이 전해지지 않는가!

이윽고 청남대 입구에 도착한다. 이곳이 대통령 휴양시설임을 십분 감안해도 입구 문에서 느끼는 감정은 유럽의 그것과는 사뭇 다르다. 유럽의 경우 대개 궁전 입구가 화려하기 이를 데 없다. 황금 도금이 번쩍이는 각종 부조물을 위엄스럽게 달고 있는 높다란 쇠 철문 앞에 서면 마치 다른 세계를 알리는 경계 앞에 선 느낌을 받는다. 사찰의 일주문도 이와 비슷하지 않은가? 마치 이곳부터는 더 이상 속세가 아니고 새로운 세계에 들어선다는 표시를 하는! 심지어 금도금 장식만으로 출입문 전체를 덮은 곳도 많아 그저 평범한 사람들은 그 위력에 입만 벌리고 압도당하기 십상이다. 하지만 청남대 대문은 금색 봉황무늬 외에는 특별할 것 없는 소탈한 모습이다.

키 큰 나무들의 열렬한 환영의 열기가 채 식지 않은 상태에서 입구에 들어서면 이번에는 낮은 자세로 엎드린 기품 있는 소나무들의 영접을 받게 된다. 평균 수령(樹齡) 70년 정도인 반송(盤松)인데, 마치 소반 같은 모양 때문에 붙여진 이름이다. 아래에서 여러 갈래로 가지가 올라와 낮지만 풍성한 소나무 형태를 띠고 있다. 저택에 다가선 주인에게 낮은 자세로 예의를 표하는 충직한 신하들 같다.

반송들 사이로 언뜻 보이는 잔디광장! 이곳은 헬기장으로 사용하

였던 공간이다. 청와대 집무실에서 헬기로 45분 정도 만에 이곳에 도
착할 수 있다니 국정에 지친 심신을 이곳에서처럼 빠르게 녹일 수 있
는 곳이 어디 있었겠는가? 2대의 헬기가 동시에 착륙할 수 있었고, 현
재는 국화전시회 등 지역의 다양한 행사 시설로 사용하고 있다. 지금
은 그 옛날 영화를 상징하듯 봉황 조형물이 광장을 지키고 있다.

　유럽에서 가장 화려하다는 프랑스 베르사유 궁전! 루이 13세가 사
냥용 별장으로 지은 것을, 루이 14세에 이르러 다시 건축한 궁전이다.
별장이었다는 점에서는 청남대와 일맥 비슷한 점이 있다.
　"짐이 곧 국가다."라고 공언하던 절대주의 시대 건물에서, 인간이
만들 수 있는 권력과 재력 그리고 화려함의 극치를 접할 수 있다. 특히
'거울의 방'에 이르면 화려함에 눈길을 뗄 수 없다. 길이만 75m에 이
르고 높이 13m의 대형 홀 가득히 전시된 크리스털 샹들리에, 황금 조

• • • • • 청남대 반송

여행,

그리고 우리가 만나게 되는

헬기장 ●●●●●

각상 그리고 천장을 수놓은 루이 14세 업적을 그린 천정화! 이런 공간
에서 열리는 무도회나 왕의 연회에는 일마나 화려한 복장의 귀족들이
모였을까? 얼마나 감미롭고 발랄한 오케스트라 음악이 흘렀을까?

하지만 이러한 기대로 대통령 휴양공간 청남대를 쳐다보면 평이함
과 밋밋함에 놀랄 수밖에 없다. 1층 거실은 면적이 119㎡로 건물 내부
에서 가장 넓은 공간이다. 경치가 좋아 대통령 만찬 장소로 많이 활용
되었다는 점에서 보면 청남대를 대표할 만한 가장 중심적인 곳이다.
하지만 어디에도 대형 오케스트라가 곡을 연주하고, 화려한 귀족들이
활보할 만한 대단한 회랑이나 압도적으로 높은 천정은 없다. 이제는
전시장이 된 거실 공간을 한참 서성인다. 이 공간에 어떤 이야기들과
음악들이 떠다녔을까?

베르사유 궁전의 300개나 되는 방 중에서 공개된 몇 개의 왕과 왕
비의 침실! 이곳에서 접하는 왕족들의 가구는 한참의 시간이 흘렀
음에도 불구하고 아직도 쨍한 불빛을 튕기며 도도하다. 하지만 널
찍하고 찬란한 방 구조물과 잘 어울리지 않는 것이 하나 있으니 그
것은 침대다. 침대는 높지만 짧게 설계되어 요즘으로 하면 아이들 침
대보다 길이가 작다는 생각이 들 정도다. 아담한 체구의 왕과 왕비도
상상할 수 있겠지만, 실상 이유는 누워서 자는 것은 죽은 사람 같다는
생각 때문에 반쯤 앉아서 잤기 때문이란다. 전 지구를 통틀어 가장 호
화로운 방이었지만, 가장 불편한 자세로 잠을 잔 왕들! 참 기묘한 부
조화가 아닌가?

청남대 1층 거실 ••••••

청남대 대통령 침대 ••••••

골프장 ••••••

한국의 상황이 궁금하면 청남대에서 확인할 수 있다. 청남대에서 접한 대통령의 침실과 침대! 화려하지는 않지만, 프랑스 왕의 침대처럼 길이가 반쪽이지는 않다. 최소한 침대를 보면 앉아서 자는 운명은 피했구나 하는 안도감이 든다.

궁궐 창을 통해서 보는 베르사유 궁전의 정원, 꼭 왕족처럼 유유히 걷고 싶은 충동이 일게 하는 공간이다. 대단한 스케일의 정원, 끝이 보이지 않는 정원 연못! 세련된 정제미와 화려한 꽃들로 장식된 왕궁의 정원에서는 지상 어떤 영화 속 장면보다도 멋진 황홀경이 녹아 있다.

하지만 베르사유 정원이 사람의 힘이 가해진 대규모의 인공정원이라면 청남대는 자연을 그대로 끌어들이고 자연 속에 사람이 있게 하는 자연 정원이라는 데서 좀 더 후한 점수를 받을 수 있을 것 같다.

향긋한 6월의 녹음 냄새!
호수의 맑은 바람!
낙우송 가로수길!
그곳에 자연스럽게 설치한 시설물들!
산책길, 낚시터, 골프장, 정자들……

이런 조화 속에 들어와 다양한 모습으로 휴식에 젖는다.
산책하며 사색하는 대통령,
조깅하는 대통령,

대청호와 낚시터 ●●●●●

자전거 타는 대통령,
낚싯대를 걸고 앉아 있는 대통령…….
대청호 끝자락에서 하염없이 사색에 잠겨 있는
대통령들의 모습이 보이는 듯하다.

맑은 바람이 호수 위를 스친다.
호수 위를 자맥질하는 오리 떼에서 바쁨을 찾아보기는 힘들다.
이곳에 다녀간 수많은 사람들의 무거움과 책임들과는 상관없이 너무나 한가로운 정경이 호수와 잔디밭에 풀어져 있다.

수려한 대청호반 그리고 울창한 숲과 야생화! 그 속에서 녹아들고 있는 '대통령의 휴식과 충전!' 호수를 쳐다보는 지금 나에게도 대통령 같은 휴식이 느껴진다.

정신적인 휴양을 청남대에서 맛보았다면, 전신을 온전히 풀어주는 따뜻한 온천으로 하루를 마무리하는 것은 어떤가? 조선을 개국한 태조는 왕도를 선택하기 위해 계룡산에 들렀고, 힘든 마음의 짐을 풀기 위해 온천에 들렀으니 이곳이 '유성온천'이다. 이후 태종 역시 군사훈련 이후 이곳을 이용하였으며, 고려 시대에 들어와서는 지역 백성들이 이용하는 시설이 있었을 만큼 역사가 길고 대중적이다.

이곳에 현대적 장비를 이용한 온천공이 개발된 시기는 1915년이며, 1918년에는 유성온천 호텔이 개관했다. 1932년에는 충남 도청이 공주에서 대전으로 옮기면서 대전은 더욱 발전했으며, 대전 중심가에서 서쪽으로 약 11km 떨어진 유성 지역을 찾는 것도 훨씬 쉬워졌다. 그리고 1980년대에는 신혼여행으로 각광받는 대한민국 대표 온천관광지로 변모했다.

유성호텔과 같이 운영되는 유성온천 노천탕에서 편안한 마음으로 깊숙이 몸을 담근다. 청남대에서 느낀 최고 지도자들의 마음을 내려놓는 모습과 조선 시대 왕들의 몸을 이완시키던 모습이 중첩되어 느껴진다. 결국, 새로운 활력과 참신한 생각은 과거의 짐과 마음의 부담을 떨고 난 다음에 생기지 않는가? 이제는 도심이 되어버린 유성온천! 사방을 정교히 잘 가려 만든 노천탕에서 도심의 하늘을 올려다본다. 가

유성온천의 옛 모습(호텔 내 사진에서 발췌) •••••

늘게 그쳤다 내리기를 반복하는 빗줄기를 따라 온천수에 들어갔다 나오기를 반복한다. 비가 오면 따뜻한 온천수로 들어가고 맑아지면 물밖에서 온몸에 햇볕을 맞으며 몸과 마음을 이완한다. 이제 '청남대'와 '유성온천'에서 왕들의 휴식이 조금씩 느껴지는 듯하다.

온천욕으로 마무리한 하루 때문일까? 아침을 맞는 몸과 마음이 가볍다. 아침 신선한 공기를 마시며 1,400년 역사를 가진 속리산 법주사로 향한다. 수학여행 단골 방문지니 학창시절 한 번쯤 들러볼 기회가 있었으리라! 중학교 수학여행 때 보았던 정이품송! 800년 되었다는 소나무, 그리고 왕의 행차 시 가지를 들어 조선 세조가 정2품 벼슬을 하사했다는 선생님의 설명을 듣던 내가 나무 앞에 서 있다. 그때 아름답던 완전체 소나무의 모습은 태풍과 폭설로 형태가 변했다. 세월의 풍파를 겪으며 중년을 넘어선 나도 사과 빛 붉은 볼을 가진 소년에서 한참이나 변한 모습으로 정이품송 앞에 서 있다.

속리산 입구에서 법주사까지 2km에 걸친 숲은 '오리 숲'이라 불린다. 숲의 길이가 오리나 된다는 의미다. 수령 수십 년이 훨씬 지난 떡갈나무 숲 터널을 지나야 법주사에 당도하게 된다.

젊은 시절 법주사에 와서 경내를 얼른 둘러보고 문장대를 오른 적이 있다. 젊은 호기라면 당연히 속리산에서 가장 높은 천황봉(1,058m)에 올라야 하지만, 나는 법주사를 지척에 끼고 등산할 수 있는 '문장대(1,054m)를 선택했다. 물론 문장대에 세 번 오르면 극락에 갈 수 있다

정이품송 ••••••

법주사 진입로, 호젓한 길을 따라 산사로 간다.
속세를 벗어나듯 그저 조용하다.
이윽고 만나는…… 절의 경계에 들어선다.
호서제일가람(湖西第一伽藍)!

절집들이 옹기종기 모여 앉아 있다.
숲과 절집을 가로지르는 개천은 맑고 시원한 명경수(明鏡水) 같다.
물소리 따라 마음의 계곡으로 들어간다.
길옆으로 기원의 돌무더기가 가득하다.
인간은 얼마나 많은 기원을 품고 사는 걸까?

는 달콤한 전설도 한몫했다. 7km의 2시간 조금 넘은 산행으로 가뿐히 정상에 도착하여 주변 풍경을 시원하게 감상했다. 그리고 남은 두 번 이곳에 더 오르기는 너무나 쉽고 간단하다고 생각했다. 그렇게 20대인 나에게 문장대 오르는 길은 전혀 어려운 길이 아니었다. 하지만 이후 거짓말처럼 문장대에 오르는 일은 없었고, 바쁜 현대인으로 살아가면서 이제야 어려운 까닭을 알게 되었다. 그래서일까? 오늘 속리산에 온 이유가! 오늘은 비록 멀리서 나마 눈으로라도 문장대를 보고 가려고 한다. 오르지 못하지만 쳐다만 봐도 극락에 갈 수 있다고 누군가 위로를 건네주면 얼마나 좋을까? 하지만 마음속에 이미 위안이 가득하니 그것으로 만족스럽다.

법주사 다녀오는 길이 가볍다. 머릿속에 청남대와 유성온천의 경험도 즐겁게 자리한다. 나는 왕처럼 몸과 마음에 가득한 휴식을 취했다. 내일부터 기다리는 힘든 일, 어려운 일들이 오늘 하루만큼은 만만하게 보인다.

충청북도
청주시
보은군
충주시 제천시 단양군
음성군
진천군 증평군 괴산군
청원시
보은군 1 32번 국도
드라이브
대전광역시 옥천군 2 청남대 4 법주사
유성구 대덕구 동구
서구 중구
영동군
유성구
3 유성온천

첫날

- 32번 국도 드라이브
- 청남대(입장료: 성인 5,000원, 주차료 2,000원)
- 승용차 입장은 전날까지 인터넷에서 입장 예약을 하여야 함. 대중교통 이용 시에는 청남대 문의
  매표소에서 출발하는 시내버스를 이용하여 입장함.
- 유성온천

둘째 날

- 속리산 법주사(입장료: 성인 4,000원)
- 점심: 정이품(송이 전골 中 50,000원, 보은군 속리산면 사내리 275-6, T. 043-543-3995)
- 국물에서 향긋한 송이 향이 나고 칼칼하고 깨끗하면서 시원한 국물 맛.
- 쫄깃한 식감의 송이버섯, 팽이버섯, 연한 소고기, 목이·표고·석이버섯이 들어가 있음.
- 지역에 버섯 재배 농가가 많아 버섯 요리점이 성업 중.

숙소

- 유성 호텔(98,000원)
- 특2급 호텔. 오픈한지 오래된 호텔이나 객실 내부는 깨끗하
  고 금액에 비해 만족스러운 편.
- 호텔 내 시설 이용 시 객실에 비치된 할인쿠폰을 이용할 수
  있다.
- 특가 세일 이용 시 트윈(더블+싱글), 조식 2인, 온천 2인에
  98,000원으로 알뜰 여행 가능.

유성 호텔···

부산   삼양목장, 월정사   남원

6. 마음에 감성이 파도칠 때

부산

이중섭 화백을 만날 것 같은 자갈치 길, 과거인 것 같기도 하고
현실이기도 한 영도대교, 시대의 조류에 밀려 새로운 변화를 꿈꾸는 부산

대학 시절 남포동 일대는 나의 해방구였다. 주말이 짧다고 느껴질
정도로 남포동, 자갈치, 광복동 구석구석을 헤집고 다녔다. 주머니 사
정이 좋지 않았던 대학생들에게 남포동 고갈비 골목의 고등어구이, 거
리에 앉아서 먹던 자갈치 꼼장어구이, 그리고 골목 구석 지하 막걸리
집들은 청춘의 영혼을 달랠 수 있는 훌륭한 안식처였다. 그곳에서 영
원한 청춘의 주제인 사랑도, 사회를 향한 바람도, 자신의 미래에 대한
걱정도 거리낌 없이 발산할 수 있었다. 이런 복합적인 감정들을 쏟아
낼 수 있는 공간이 남포동에 있었기에 나의 대학생활과 청춘은 질곡에
서 벗어날 수 있었고 그나마 생기가 있었다.

기억의 한켠에만 머물러 있는, 행운처럼 그곳 남포동에 있었던 지하 막걸리 선술집도, 주인아주머니 인심도, 연애를 하면서 큰마음 먹어야 들를 수 있었던 세련된 2층 레스토랑도 너무 그립다. 이렇게 부산과 남포동은 나의 빛나던 청춘을 모두 간직한 곳이다. 이 봄, 부산이 몹시 그리운 이유는 내 청춘의 봄이 그곳에 있었기 때문이지 않을까?

봄볕이 따듯한 자갈치 시장에는 사람이 반이고 고기가 반이다. 구름처럼 사람들이 이리저리 오가고, 사람들 옆에는 펄떡이는 생선들이

부산 남항을 바라보는 자갈치 시장 •••••

•••••• 부산 자갈치 시장

사람을 반긴다. 억척스러움이 생활에 녹아든 자갈치 아지매들의 힘찬
생선 놀림에 봄의 노고함은 저만치 물러앉는다. 이곳 시장에 계신 분
들은 격동의 시대 치열한 삶을 살아낸 우리 부모님들의 모습이기도 하
고, 자녀세대의 안녕과 번영을 가져온 살아 있는 증거이기도 하다. 오
늘도 자갈치에서 나는 살아 있음과 삶에 대한 치열함을 배운다.

　꼼장어 골목과 건어물 골목을 지나 영도대교로 방향을 잡으면서
접하는 거리 풍경에서는 마치 시간이 멈춰버린 듯한 착각을 하게 된
다. 바다 건너 일본에 있는 그렇게 사랑하는 아내와 아이들을 그리워

여행,

내 마음의 안식처

남포동과 영도를 잇는 영도대교 전경••••••

223

●●●●●● 상판을 들어 올린 영도대교

하며 가난한 일상을 헤쳐나가던 이중섭 화백을 지금 이 거리에서 곧 만날 듯하다. 지난한 삶의 굴곡을 오로지 자신의 육체 힘 하나에 의지해 개척해 가던 수많은 일제강점기 민초들을 그리고 피난민을 또 이 거리에서 만날 수 있을 것 같다. 그들의 힘든 하루가 그나마 희망스러울 수 있었던 것은 영도다리 밑에 간신히 명맥을 붙이고 있는 점집들 때문이지 않을까? 얼마나 많은 이들에게 괜찮다고, 내일은 나아질 것이라는 점괘를 주었을까?

　이런 이유 때문인지는 몰라도 모진 세월을 버티며 지금 내 앞에 서 있는 점집들이 이리도 괜찮아 보일 수 없다. 희망의 끈을 부여잡은 이

영도대교 아래 점집들 ••••••

들이 내일의 삶을 염원하며 점집을 나서는 모습이 그려진다.

　　피난시절 하염없는 이별과 미래를 장담할 수 없는 상황에서 변치
않는 건물이나 구조물은 그나마 약속이라도 할 수 있는 희망을 주었을
것이다.

　　"영도다리에서 만나자!"라는 말이 유행했을 정도로 영도다리는 헤
어지는 피난민들이 유일하게 의지할 수 있는 절대 불변의 장소였을 것이
다. 전쟁과 피폐, 납덩이 같은 삶의 무게, 그리고 지난한 삶의 역경
속에서 얼마나 많은 사람들이 영도다리를 보며 자신의 고향을, 가족을
그리워했을까? 전쟁 이후 수많은 사람들이 가족을 만나기 위해 영도

다리로 몰려들었다고 하는 구슬픈 이야기는 가슴을 먹먹하게 한다.

영도대교는 전설처럼 그 양손을 번쩍 들어 올려 대교가 나뉘고, 또 그 사이를 배가 통과했다는 이야기를 간직하고 있다.* 이 다리 위로 지난 시절 전차가 다녔고, 바다 건너 섬인 영도까지 연결되었다. 지금도 섬에는 전차 종점이라 불리는 지역이 있다. 하지만 이런 전설만 간직한 채 최근까지 영도대교는 움직이지 않고 고정되어 있었다.

하지만 이제 영도대교는 다시 힘차게 손을 들어 올리고 있다. 향수가 그리운 사람들과 현대판 기술의 신기함을 느껴보려는 사람들로 주중과 주말을 가리지 않고 북적인다. 영도대교가 번쩍 들어 올려지는 모습을 보면서 나이 지긋하신 어르신들께서 눈의 초점을 맞추기도 눈 끝이 흐리기도 하신다. 과거인 것 같기도 하고, 현실이기도 한 영도대교의 모습……

지난 시절 광복동은 현대식 빌딩들 틈에 어쩌다 세월의 풍상을 간직한 적산가옥을 찾아볼 수 있는 현대와 근대가 공존하는 지역이었다. 나의 대학 시절인 1980년대, 광복동 입구에서부터 시작된 도시 번화가는 남포동으로 이어지면서 절정을 이루었다. 이미 전설 속으로 사라진 미화당과 유나 백화점은 그 시대 가장 콧대 높은 이 거리의 명물이었다. 이들이 사라진 거리에 새로운 감각의 브랜드와 건물들이 세대를

---

* 1930년 영도에 인구가 늘고 교통량이 증가하여 교량건설을 기획하였다. 하지만 최대 어항인 부산 남항, 즉 현재의 자갈치 시장이 위치한 항만에 선박이 입항하기 위해서 교량은 장애물이 될 수밖에 없었다. 이를 해소하기 위한 방법으로 배의 통항시 교량을 들어 올리는 일명 '도개교'를 고안하였다. 1934년 개통하였다.

달리하며 패션거리로 거듭나고 있다.

한때 누가 뭐라고 해도 남포동의 심장은 영화의 거리였다. 8·15해방 후 극장이 한두 군데 생기면서부터 남포동 극장가가 형성되었다. 남포동 부영극장에서 충무동 육교에 이르는 400여 미터 거리를 극장가라 불렀다. 대학생 시절 나는 이 거리에서 새로운 영화를 접하고 데이트도 즐겼다. 늘 이 거리에는 청춘과 새로움 그리고 손을 꼭 잡고 거닐던 젊은이들로 넘쳐났었다. 물론 지금 엄청 유행인 씨앗 호떡은 없었다.

한때 상권의 쇠락을 경험하며 영화의 거리를 포함한 남포동 전체는 그저 명맥만 유지한 빛바랜 지역으로 변해가며 많은 사람들을 안타깝게 하였다.

씨앗 호떡 •••••

•••••• BIFF 거리 핸드 프린팅

　　하지만 지난 세월의 눅눅함을 털어낼 새로운 변화는 남포동에 신
개념 영화의 거리를 조성하면서부터 시작되었다. 수많은 영화 속 스타
들과 젊은이들이 다시 이 거리를 매우면서 남포동은 '영화의 포구'로
재탄생했다. 영화 광장을 수놓은 은막 속 스타들의 핸드 프린팅을 보
며 새로움이란 이렇게 창조될 수도 있음을 절감해본다. 지금은 '스타
의 거리'와 '영화제의 거리'로 다듬어진 훨씬 세련되어진 거리를 거닐
며 여러 가지 상념이 스친다.

　　대학에 갓 입학한 1학년 시절, 무작정 선배들에 이끌려 용두산 공

용두산 공원 ●●●●●

원에 올랐었다. 지금도 눈에 선하다. 그때 용두산 공원에는 동백이 붉
은 꽃망울을 아무 아쉬움 없이 덩어리째 뚝뚝 떨구고 있었다. 산골 출
신으로 동백을 처음 접한 나로서는 이 신기로운 꽃을 대하면서 말할
수 없는 묘한 감정을 느꼈었다.

그때 그 동백나무를 눈으로 훑으며 남포동 일대와 부산항 전체를
조망할 수 있는 용두산 전망대로 향한다.
부산항은 그리고 부산 바다는 세계로 향하는 대한민국의 관문이었
고 이러한 위세는 현재도 진행형이다. 전망대에서 보이는 부산 북항을

중심으로 우리나라는 세계 무역강국의 꿈을 이루어냈다.* 아시아 항만 중에서 가장 위대한 명성을 쌓았으며, 세계에서 5위의 처리량을 자랑하는 컨테이너항만이기도 하였다. 세월이 흘러가고 중국이라는 강력한 경쟁자가 생기면서 확장과 새로운 대체 부지를 물색하던 부산항은 가덕도 인근으로 이제는 많은 기능을 옮기게 되었다.

　세계에서 들어오던 화물들을 거대한 크레인으로 처리하던 황금싸

---

* 통상적으로 이야기하는 부산항은 부산 북항과 남항으로 구성되어 있다. 부산 북항은 상업 거래에 필요한 부두가 설치되어 있으며, 남항은 우리나라 최대의 어업전진 기지로 사용하고 있다.

리기 부두였던 부산 북항은 시대의 조류에 밀려 새로운 변화를 꿈꾸고 있다.

8조 5천억 원을 들여 2019년 완공 예정인 부산 북항재개발 사업은 시민들이 자유롭게 물가로 나와 삶의 여가를 즐길 수 있는 공간과 사무공간, 쇼핑공간으로 탈바꿈한다. 이른바 물과 가까워지고 친해지는 공간(친수공간)으로 옷을 바꾸어 입는 부산 북항의 모습이 궁금해진다.

세월 앞에 영원한 것이 있을까? 영원한 진리와 영원한 가치 또한 있는 것일까? 세상의 영화 가운데 있었던 부산 북항을 보며 참 여러 가지 생각이 머리를 맴돈다.

용두산 공원에서 조금만 내려서면 보수동 책방골목에 닿을 수 있다. 근처 인쇄 골목은 한때는 책 찍는 기계가 잠시도 쉴 틈 없이 돌아

보수동 •••••
책방골목

갔으며, 이들 인쇄소의 주요 고객은 부산항을 근거로 비즈니스를 하는 중앙동의 수많은 회사들이었다. 새롭게 나오는 책들과 중고 책들이 탄생하고 유통되면서 호황이었던 이 골목들은 시대의 흐름에 따라 끊임없는 부침을 경험했다. 하지만 아직도 보수동 중고 책방 거리를 느긋이 걷다 보면 중고 책으로 공부하려는 가난한 고시생들이, 또 살림에 보탬이라도 되기 위해 책을 내다 파는 서민들의 모습이 보이는 듯하다. 먼지 묻은 책이라도 이곳에서 한 권 들어보자! 책 제목만 이야기하면 주인장들은 가게의 모든 책들을 알고 있듯이 신기하게도 금방 손님의 민원을 해결해준다.

대학재학 시절 수줍음이 많았던 나는 거리에서 사람들이 음식을 먹는 것을 쳐다만 볼 뿐 한 번도 직접 사 먹어 본 적은 없었다. 하지만 이제는 음식을 먹으며 파란 하늘도 감상하고, 지나가는 사람들을 구경하면서 먹을 만큼 뻔뻔해졌다. 이것도 세월이 주는 복인가! 이 정도 자신감만 있으면 부산 남포동, 국제시장, 부평동 거리는 그야말로 먹을 것 천지다.

국제시장 한켠에는 일명 깡통시장이라 불리는 곳이 있다. 전쟁 직후 미군 부대에서 흘러 나온 물건들을 주로 취급했는데, 특히 통조림 제품이 많아서 이런 특이한 이름을 갖게 되었다.

부평동 깡통시장을 걷다 시

•••••• 비빔당면

장기가 느껴지면 비빔당면을 한 그릇 하는 것도 좋다. 당면을 양념장과 같이 비벼 먹는 일종의 발상 전환이다. 내용물은 소탈하다. 당면, 단무지, 시금치, 어묵, 양념장 정도가 전부다. 하지만 당면의 쫀득거리는 맛과 어묵의 궁합이 잘 맞고, 서서 먹는 재미 또한 쏠쏠하다.

현재의 깡통시장은 과자류, 의류, 주방용품, 생활소품, 신발, 가방, 문구, 액세서리 등 해외에서 들어오는 아기자기한 다양한 물품들을 판매하는 곳으로 변모하였다. 한 가게에서 취급하는 상품 품목에 놀랄 정도로 정말 다양한 물품들을 접할 수 있다.

•••••• 국제시장 구제 골목

    조금만 발걸음을 옮기면 구제*상품을 파는 구제 골목이 자리한
다. 저렴하기 그지없는 이곳에서 지나간 옷, 소품, 액세서리를 건질
수 있고, 잘만 고르면 빈티지 스타일의 옷과 앤틱스러운 소품을 만날
수 있다.

    걷다가 비빔당면이 소화되었으면 또 다른 길거리 음식을 탐험할

---

* 구제(舊製)는 '옛적에 만듦' 또는 '그런 물건'을 의미한다.

국제시장 단팥죽 ······

비첸향 육포 ······

때다. 시장통을 다니면서 헛헛한 속을 달래고 입안에 뜨거움과 달콤함을 선사하고 싶으면 단팥죽 골목에 잠시 멈추면 된다. 뜨끈한 팥죽 위에 올려진 인절미 고명 씹는 맛이 좋다. 이 한 그릇이면 다시 거리를 쏘다닐 힘이 난다. 잠시 자리를 옮겨 어묵과 물 떡도 맛본다. 가래떡을 초장에 찍어 먹는 일명 물 떡도 찬바람을 이기는 데는 그만이다. 시장 골목을 굽이굽이 구경하다가 대각사 뒤편 골목으로 접어들면 튀김 골

•••••• 밤이 찾아드는 남포동

목이 나온다. 고소한 냄새와 바삭한 식감을 피해가기는 어렵다.

남포동에 밤이 찾아오면서 거리는 화려한 간판과 젊은이들로 절정을 이룬다. 맹렬한 기세로 육포를 구어 내고 있는 비첸향(BEE CHENG HIANG) 육포 가게에 이르면 이 밤을 더욱 생생하게 느끼게 해줄 맥주 한 잔과 부드럽고 도톰한 육포 생각이 간절해진다.

도톰하면서 마르지 않고, 촉촉한 느낌과 함께 매콤한 맛을 가진 육포, 그리고 시원한 맥주 한 잔은 얼마나 환상적인 궁합인가! 이제 부산의 모든 느낌을 마음속에 담고 편안한 휴식을 취하고 싶다. 손에 들린 맥주와 육포! 숙소로 향하는 발걸음이 가볍다.

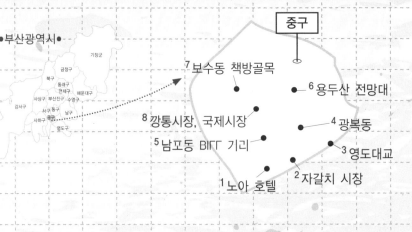

●부산광역시●

기장군

금정구

북구 동래구
연제구 해운대구
사상구 부산진구 수영구
강서구 서구동구 남구
사하구 중구
영도구

중구

7 보수동 책방골목

6 용두산 전망대

8 깡통시장, 국제시장

4 광복동

5 남포동 BIFF 기리

3 영도대교

1 노아 호텔

2 자갈치 시장

첫날

- 부산 도착 체크인 — 자갈치 시장, 남항 구경 — 영도대교 — 광복동 — BIFF 광장 — 용두산 전 망대 — 보수동 책방골목 — 부평동 깡통시장 — 국제시장
- 용두산 전망대에서 부산 전체 조망(전망대 1인당 4,000원)
- 보수동 책방골목, 부평동 깡통시장, 국제시장(비빔당면 4,000원, 어묵 1개 700원, 단팥죽 3,000원, 튀김 1인분 2,000원, 떡볶이 1인분 2,000원, 씨앗 호떡 1개 1,000원)
- 비첸향(스위트 포크 250g 14,900원 세일가임)
  - 비첸향은 1933년 싱가포르에서 창업하여 시작된 육포를 파는 가게다. 비첸향은 육포 마니아가 다수 형성되어 있고, 홍콩과 동남아 각지에서 성업 중이다. 소고기, 닭고기, 돼지고기로 다양하게 육포를 만든다.

둘째 날

- 호텔에서 간단한 조식을 무료로 제공함.
- 자갈치 시장 산책 후 체크아웃(12시 체크아웃)

숙소

- 노아 호텔(100,000원 주말 요금)
  - BIFF 광장 건너편, 자갈치 시장 입구에 위치한 최근에 건립 한 호텔(무궁화 3개)
  - 자갈치와 남포동 및 국제시장, 용두산 공원이 가까이 있음.
  - 기존 남포동의 호텔들이 오래되고 시설이 낙후되어 선택의 폭이 작지만, 이를 상쇄시킬 수 있는 좋은 대안임.
  - 깨끗하여 성수기에는 일본 손님이 많아 예약이 쉽지 않음.
  - 조식 제공, 인터넷 연결 등 기본적인 서비스도 팬찮음.

노아 호텔...

삼양목장, 월정사

양탄자 같은 초록 목초, 가깝게 내려앉은 하늘,
흰색의 대형 바람개비

현대인들이 가장 추구하는 효율과 생산성! 그리고 그것들을 이루기 위해 항시 몸에 그리고 입에 달고 다니는 바쁘다는 말! 하지만 가끔은 전혀 비효율적이고 비능률적으로 느릿느릿 그리고 느긋이 멈춰 있고 싶지 않은가? 뼈마디에서 삐걱거리는 소리가 나도록 달렸다면 잠시 멈추고 앉아 달래주어야 하는 것 아닌가? 머릿속이 온통 회색빛으로 변해버린 것처럼 전혀 새로운 빛깔을 연상해내지 못할 때는 진정으로 파란 하늘과 하얀 구름을 보아야 할 때가 아닌가?

그래서 나는 머리가 뱅글뱅글 돌고 온통 한 가지 색으로 가득 찬 힘든 날이 며칠간 지속되면 반사적으로 초록의 초원 위에서 점점이 꼬

무락거리는 하얀 양떼들을 생각한다. 청명한 바람이 자유롭게 산비탈을 스쳐 가는, 그리고 어릴 적 가지고 놀던 바람개비를 닮은 대형 프로펠러가 휙휙 돌아가는 대관령이 자연스럽게 머릿속에 떠오른다.

현대인에게 가장 큰 스트레스는 전화와 업무에 쫓기는 것이 아닌가? 시원하게 내달리는 고속도로에서 몸에 붙어 있던 바쁨과 일상을 벗어 던진다. 최적의 휴식처를 찾아 떠난다는 은밀한 설렘이 가득하다. 고속도로 주변으로 보이는 표지판에서 나의 선택이 맞았다는 그리고 격려하는 듯한 메시지를 접할 수 있다. "청정공기 만끽하며 힐링운전 하세요!" 달리는 차의 창문을 열어젖히고, 가슴 깊이 푸르고 싱싱한 공기를 마음껏 받아들인다. 머리와 가슴이 환해지고 뻥 뚫리는 듯하다. 폐부 깊숙이 신선함으로 출렁인다. 맑아지면 이야기도 재미있어지나 보다! 편안한 이야기 몇 자락 나누다 보면 금세 목적지인 청정 휴식 공간에 도착할 수 있다. 서울에서 불과 세 시간 남짓 거리! 이렇게 가까운 곳에 영혼을 달랠 수 있는 공간이 있다는 것은 참으로 축복된 일이다.

목장을 찾아가는 길, 오랜만에 비포장 길을 만난다. 좌우 숲을 헤치며 조심스레 나아가는 길은 시골 할머니 집을 찾아가는 것처럼 정겹고 즐겁다. 또 굽이굽이 덜커덩거리는 길은 나를 어린 시절로 데려다 줄 것 같기도 하다.

    산골 소년이던 나는 제법 고향 친구들의 부러움을 사며 강원도에서는 대단한 도시였던 강릉에서 유학을 했다. 말이 유학이지 고등학교에 입학하면서부터 부모님과 떨어져 혼자 살아내야 하는 그 외로움은 말로 표현하기 어려웠다. 더욱이 대학입시라는 괴물은 근처에 있는 친구조차도 경쟁자로 만들어버리는 탓에 살갑게 친구들과도 속내를 털어놓기 어려웠다. 외로움과 경쟁! 청소년 시기를 거치면서 가장 격렬하게 겪었던 단어들이었다.

    어느 날 주인집 아저씨께서 서울을 다녀오면서 대관령 이야기를 해주셨다. 이야기를 들으면서 이미 마음은 그곳으로 향하고 있었다. 그곳에 가면 나를 옥죄고 있는 현실의 무게를 잠시나마 벗어던질 수 있으리라! 그렇게 마음으로만 간직하던 대관령을 향해 버스를 집어 탄 것은 엄청나게 바닥을 친 성적을 접한 날이었다. 그때 대관령에서 바라보던 강릉! 그렇게 하염없이 몇 시간을 그곳에서 강릉과 동해를 쳐다보았었다.

정상부의 풍력발전기

인생의 여러 굽이를 지나 그때의 나보다 아이들이 더 훌쩍 커버린 지금도 가끔은 한없이 답답한 심정으로 대관령을 생각하곤 했다. 오늘은 참 오랜만에 고등학생이었던 나를 만나러 가는 길이기도 하다. 대관령에서 몇 시간째 강릉과 동해를 쳐다보던!

드디어 목장 정상에 도착했다. 동해전망대 해발 1,140m, 동해와

목초지

강릉이 저 멀리 느껴진다. 이렇게 아름다운 산상화원이 있을까? 아름답고 평온하다. 양탄자 같은 초록 목초와 가깝게 내려앉은 하늘 그리고 흰색의 대형 바람개비들은 영혼을 맑게 정화한다. 마음속에는 산머리를 넘는 구름을 악보 삼아 평상시에는 상상도 못하던 평온한 곡이 연주되고 있다. 잠시만 동공을 열고 무한대의 초록을 눈에 담아도 가슴 밑바닥까지 시원함이 밀어닥친다.

사실 이곳은 1972년 어렵고 가난했던 국민들의 배고픈 배를 채우

겠다는 목표로 만들어졌다. 그리고 조성된 동양최대의 초지목장! 물론 이제는 주린 배보다는 허전하고 답답한 마음을 달래는 것을 훨씬 잘하는 명소로 변모했다.

마음이 가벼워졌으면 이제 트레킹을 해도 좋다. 산 정상부 동해 전망대에서 광장까지는 도보로 1시간 20분 정도 소요된다. 내려오는 곳마다 믿기 어려울 정도로 훌륭한 전망들이 발걸음을 즐겁게 한다. 먼저 대형 풍력 발전기가 눈에 띄는데, 총 53기고, 강릉 인구의 60%인 5만 가구에 전기를 공급할 수 있다니 그 규모가 놀랍다.

트레킹을 시작하여 조금만 걸으면 스위스의 목가적 풍경을 자아내는 드넓은 초원을 만난다. 울타리가 둘러쳐 있는 그림 같은 목초지에서 눈을 떼기 어렵다. 도시의 높다란 마천루 보기에만 길들어 있는 시선이 이렇게 편안할 수가 없다. 낮고 둥글둥글한 산 정상부가 끝없이 연결되어 흐르고, 어디에 품을 맡겨도 포근한 것 같은 목초가 그 위에 넘실댄다. 목장 울타리를 하나씩 하나씩 손으로 넘기며 풍광을 머리에 담고 또 담는다.

풀을 뜯고 있는 양떼들은 심심할 것 같은 풍경에 활력을 불어넣는다. 목가적인 풍경 앞에 오늘 하루는 양치기 목동이 되어도 좋을 것이다. 마음껏 양들도 불러보고 맛있는 풀로 유인도 해보라!

영국에서 양떼들을 본 적이 있다. 우리나라에서는 접하기 어려운 드넓은 초원과 마릿수를 헤아릴 수 없는 양떼들! 끝없이 줄 서 있는 야트막한 동산 전체가 초록 목초로 덮여 있는 영국 시골 마을을 보고 참 부러웠던 적이 있었다. 그때 하얀 양들이 무척 반가워 가던 길을 멈추고 달려갔었고, 양들을 보고는 무척 재미있어 웃어버렸다. 내 상상과는 너무 다르게 몸은 하얀데 얼굴과 다리만 까만색이 아닌가?

대관령에서 보는 우리 양은 몸 전체가 흰색이다. 얼굴과 다리도!

풀을 뜯는 양떼들 •••••

그래서 더 정겨운가 보다! 초록 대지 위에는 오직 언덕을 넘는 바람 소리와 양들의 풀 뜯는 소리만 들린다. 오도독, 오도독!

제법 먹음직스러운 풀을 뜯어 양들을 불러본다. 끙끙거리며 다가 선 양들은 이내 아무렇지 않다는 듯 코를 벌름거리며 냄새를 맡는다. 혀를 썩썩 내밀어 풀을 가져간 녀석은 기분 좋은 소리를 내며 맛있게 풀을 씹는다. 순박한 눈망울이 마음에 깊게 남는다. 잘 있으라고 "메에에" 하고 소리 내면, 양들도 "메에에" 하고 대답한다.

높은 고도 때문일까? 몸을 지나가는 신선한 바람에 기분이 좋다. 대지에서 느껴지는 향긋한 풀 냄새 역시 도심 아스팔트에서는 상상 도 못 하는 자연 그대로다. 자연 그대로의 것이 얼마나 소중한지 다시 한 번 느낀다. 인간의 탐욕스런 손길이 덜 간 곳이 이렇게 아름답다는 것을 목장을 따라 걷는 내내 느낀다. 풀을 뜯는 젖소 떼가 너무 한가 롭다.

이 목장에서 가장 호들갑스럽고 활력이 넘치는 녀석은 트레킹 거 의 마지막에 볼 수 있는 '타조'들이다. 훤칠한 키에 긴 목을 가진 녀석 을 처음 보면 그 크기에 주저하는 마음이 앞선다. 지구 상에서 가장 큰 새고, 가장 큰 알을 낳으며, 다 자라면 250kg에 달하니 새로서의 귀여 움은 없지 않을까? 그런데 가만히 얼굴을 보고 있으면 녀석의 눈썹이 얼마나 매력적인지 모른다. 긴 눈썹을 깜빡이며 손님들에게 호소하듯 호감을 발산하고 있다.

타조 방목지 •••••

대관령의 초록 영상을 가슴에 담고 호텔로 향한다. 잘 가꾸어진 단지 내 호수를 따라 저녁맞이 산책을 한다. 이윽고 어둑어둑한 저녁이 찾아오면 편안한 실내 가운으로 갈아입고 밤 베란다에서 밤이 내려앉는 소리를 듣는다. 분수대에서 흩어지는 물소리가 주위를 편안하게 한다. 커피 한 잔을 앞에 두고 이 밤 시간을 더욱더 느긋하게 즐긴다.

편안하고 여유롭다. 머릿속 생각들도 멋대로 날뛰기보다는 천천히 산책하는 정도로 나를 따라오고 있다. 이 시간만큼은 무언가 안 되거나 마음에 늘지 않는 것이 하나도 없다.

그리고 다음날, 눈부신 아침이다! 몸도 편하고 오랜만에 푹 잔 느낌이다. 인간 생체리듬에 가장 적합한 고도는 저기압과 고기압이 만나는 해발 700m라고 한다. 이 고도에서는 뇌에서 분비되는 호르몬 분비가 촉진되어 짧은 잠으로도 빠른 피로 회복 효과를 볼 수 있다. 지난밤에는 일찍 그리고 다음 날 아침 늦게까지 푹 잔 잠은 인생에서 손꼽을

•••••• 월정사 일주문

수 있는 잘 잔 잠 중 하나다. 살짝 느껴지는 허기를 호텔 뷔페의 샐러드와 상큼한 주스로 달랜다. 휴식은 이렇게 편안한가 보다!

넉넉히 충전된 몸과 마음으로 월정사로 향한다. 월정사는 선덕여왕 12년(643년) 천삼백여 년 전 자장율사가 창건했다. 중국 오대산에서 문수보살을 친견하고 얻은 부처님 진신사리를 봉안하기 위해 만들어진 사찰이다. 창건 이후 이름난 선지식들이 거쳐 간 국내 5대 사찰 중 하나다. 근래에는 한국전쟁 시 몸을 던져 상원사를 지킨 한암 스님 그리고 탄허 스님까지 배출한 유서 깊은 곳이다.

절의 입구를 알리는 일주문에 도착한다. '월정대가람'이라 쓰인 탄허 스님의 친필이 방문자를 맞는다. 경내까지 거치게 되는 세 개의 문 중 첫 번째 문이며, 이제부터 속세의 잡념과 번뇌를 잊어버리라는 경계 같다. 세상사에 힘든 중생이면 누구든 편히 올 수 있도록 두꺼운 대문 따위는 없다. 그저 바람처럼 편하게 이 길을 통과하면 된다.

일주문을 통과하면 오대산 천 년 숲을 만난다. 일주문에서 월정사까지 1km의 전나무 숲길을 일컬으며, 2011년 아름다운 숲 대회에서 대상을 수상한 곳이기도 하다. 우리나라 최대 전나무 숲 중 하나며, 1,700여 그루의 아름드리 전나무가 세파에 지친 사람들을 반갑게 맞는다.

오대산 전나무 숲길에서 보폭 속력을 줄이며 걸어보자! 좋은 사람과 넉넉한 산책을 하다 보면 행복한 미소가 서로의 얼굴에 번지는 것

•••••• 전나무 숲

을 볼 수 있다. 자연의 선물 같은 숲의 향기를 맡으며 최대한 천천히 전나무 숲 속으로 산책 발걸음을 옮긴다.

이 숲길에서 얼마나 많은 스님들이 속세의 번민을 떨치며 구도의 길을 걸었을까? 1km의 전나무 길을 천천히 걷다 보면 맑아지는 나를 느낄 수 있다.

숲을 산책하다 만나게 되는 쓰러진 전나무! 2006년

여행,

3박4 천리안 쓰 밍어미 뇌

월정사 쓰러진 전나무 •••••

10월 쓰러지기 전까지 600년을 살아온 거목이었다. 수백 년을 풍미하며 세상의 주역으로 당당하게 살았을 나무! 떠나야 할 때 미련없이 자신을 내려놓고 이제는 오가는 관광객들의 사진촬영 장소를 제공하고 있는 거목을 보며 만감이 교차한다. 성장하고 최고가 되고, 그리고 쇠락하고……. 세상사가 어찌 이와 닮지 않았겠는가? 100년도 다 채우지 못하고 소멸하는 인간사! 참 보잘것없음이 다시 곱씹어진다.

월정사 경내에 들어선다. 월정사 대웅전 앞의 8각 9층 석탑. 그 미려한 탑을 눈에 담으며 한 바퀴 돈다. 이때 눈에 들어오는 좌상 하나! 탑 정면에 앉은 자세로 부처님을 바라보며 공양하는 '석조보살좌상'! 그 부드러운 미소가 마음을 편안하게 한다. 어떤 장인의 손과 마음이면 저런 황홀한 미소를 만들 수 있을까?

내려오는 길, 사찰 입구 찻집에 잠시 들러 따뜻한 차 한 잔을 시켜놓고 조용히 흐르는 물을 쳐다본다. 맑은 계곡 물 사이로 세조와 문수보살의 이야기가 들리는 듯하다.

극심한 등창에 시달렸던 세조는 계곡에서 등을 닦아주던 동자에게까지 이른다.

"어디 가거든 임금을 보았다고 이야기하지 말라."

이에 동자가 화답한다.

"임금께서도 문수보살을 친견했다고 말하지 마십시오."

깨끗한 물소리로 마음에 걸리적거리던 무거운 바윗덩어리들이 쓸려 내려간다. 한 오 분 정도만 눈을 감고 소리를 듣다 보면 최근 몇 년 동안 가장 맑았던 마음과 머리 상태를 경험할 수 있다.

전나무 숲길을 되돌아 내려간다. 추월 차선에서만 인생을 질주하지 않도록 해달라고 기원드리고, 마음을 내려놓자고 나를 향해 수십 번 속삭인다. 나라는 존재를 내려놓는 곳이 사찰이라고 하지만 정말 다 내려놓고 나면 진정한 내가 보이니 사찰은 어쩌면 진정한 나를 채워가는 곳인 것 같다.

석조보살좌상 ••••••

언젠가 다시 마음이 복잡해지고 난마처럼 세상사가 휘몰아칠 때 나는 이곳을 떠올릴 것이다. 바람이 무시로 넘나드는 하늘 가까운 공원! 평소보다 늦은 기상과 느긋한 아침 식사 그리고 진정한 휴식을 느꼈던 알펜시아! 차분히 내려앉은 몸과 마음을 경험한 월정사! 금방 떠나왔는데 다시 그리워진다. 삶의 쉼표 같은 여행!

강원도

평창군

고성군
철원군 양구군 속초시
화천군 인제군 양양군
춘천시
홍천군 강릉시
황성군 평창군
정선군
원주시 동해시
영월군 삼척시
태백시

3 월정사   •1 대관령 삼양목장

2 알펜시아 홀리데이 인 호텔

첫날

- 대관령 삼양목장 트레킹(입장료 어른 1인당 8,000원)
- 알펜시아 홀리데이 인 호텔 도착
- 호텔 내 산책, 타운 산책길, 솔섬
- 저녁: 알펜시아 BBQ 치킨(황금 올리브 치킨 18,000원, 생맥주 1,000L 7,000원, T. 033-339-0655)
- 호텔에서 전화로 주문하고, 1층에서 찾으면 됨.
- 호텔 객실에서 편안하게 치킨과 맥주를 한 잔 하면서 창밖의 이국적인 건물 풍경들을 감상하기 좋음.
- 공기가 좋고 마음이 편해서인지 고급 레스토랑 음식 맛에 견줄 만한 풍미가 남.

둘째 날

- 늦은 기상, 호텔 뷔페 조식
- 오대산 월정산(입장료, 어른 1인당 3,000원, 자동차 1대 주차료 5,000원), 전나무 숲 걷기.
- 사찰 내 찻집에서 차 음미하기
- 아침: 알펜시아 홀리데이 인 호텔 뷔페 이용
- 깔끔하고 만족스런 메뉴
- 점심: 산촌 식당(산채정식 1인당 15,000원, 황태구이 15,000원, T. 033-333-7975)

산촌 식당의 산채정식 ···

- 15가지 나물이 제공됨. 기타 밑반찬으로 오이김치, 배추김치, 고추장아찌, 더덕구이, 두부부침이
  나옴. 자연을 담아낸 밥상. 호박전, 감자전, 조기, 도토리 묵, 된장국이 제공됨.
- 제천에서 채취된다는 궁채나물은 아작아작 씹히는 식감이 아주 좋음.

숙소

• 알펜시아 홀리데이 인 호텔(175,450원, 조식 제공, 주중 금액)
- 알펜시아는 2018 평창 동계올림픽의 주 무대임. 스키점프 타워 등 다양한 시설이 근접해 있음.
- 침구류가 참 편안한 호텔.
- 국화, 메밀, 옥, 깃털 베개 등 다양한 베개를 교환하여 쓸 수 있음.
- 다양한 편의시설 및 29개의 리테일 상가들이 갖추어져 있음.
- 건물 모양이나 외관이 유럽에 온 듯한 느낌이 들게 함.

··· 알펜시아 홀리데이 인
호텔 전경

남원

봄꽃가루가 눈꽃처럼 흩날리는 광한루,
홍색 치맛자락이 풀어진 연처럼 펄럭이는 곳

사랑이 얼마나 힘든가? 창업(創業)은 쉽고 수성(守成)은 어렵다
고 하지 않는가? 연인 사이에 특별한 기념일로 여겨지는 '만남 50일',
'100일' 등의 슬로건은 사람과 사람 특히 남자와 여자 사이의 한결같
은 마음 지키기가 얼마나 힘든지를 잘 보여준다. 이뿐인가? 결혼과 사
랑의 결실인 아이까지 두고 사는 부부 사이에도 얼마나 많은 갈등과
삶의 현실이 '사랑'을 어렵게 하는가? 위기의 순간에는 늘 초심으로
돌아가라고 하지 않던가?

봄빛 일렁이는 물가에서 아련하게 피어나는 영원한 사랑의 주인공
춘향과 몽룡을 만나고 오면, 이 봄 사랑하는 사람과 더욱 가까워지지

않을까? 삶이 팍팍하고 사랑에 때로 현실을 느끼면 주저 없이 이 아름다운 이야기 속으로 들어가 보자!

남원은 북쪽으로 전주, 서쪽으로 광주, 남으로 순천에서 대략 50km 반경에 있다. 남해에서 섬진강을 타고 올라오면 전라도의 풍요로운 땅 입구에 도착하게 되는데 그 첫 입구가 바로 남원이다. 그래서 남원은 남해의 풍성한 산물을 지척에서 접할 수 있는 곳이기도 하다. 전주와 서해 역시 평평하고 너른 평야로 똑바로 달려가면 금방 만나지는 곳이니, 남원은 산물이 풍부하여 아쉽거나 부족함이 없는 고을이다.

또한 남원은 소백산맥과 지리산 사이에 안겨 있는 산세가 수려한 지역이고, 일찍부터 미인 미남이 많기로 소문이 자자했다. 지리산의 수없이 많은 계곡 물은 얽히고설키다가 요천강(蓼川江)이 되고, 남원을 넉넉히 적시며 지나간다. 남원을 지나며 드디어 섬진강과 합류되니 남원 지역은 섬진강의 기름진 상류 지역에 해당한다. 이 아름답고 기름진 요천강을 끌어들여 하늘나라에 존재하는 월궁(月宮)의 모습을 만든 곳이 광한루다. 광한루에서 요천강물은 은하수가 되고, 은하수를 건너게 해주는 오작교는 광한루에서도 가장 중심에 있다. 이렇게 아름다운 마음으로 만든 루원(樓園)에 어찌 사랑 이야기가 싹트지 않겠는가?

봄꽃가루가 눈꽃처럼 흩날리는 광한루!
때는 단오, 음력 5월 5일이라! 구름 떼 같이 사방의 사람들이 모여 들고, 호남 천하 경관 광한루에는 그야말로 사람 천지다.

계절 좋기로 따지면 단오를 따라올 절기가 어디 있겠는가? 나무 꼬챙이처럼 생긴 물건 무엇이라도 땅에 꽂아 놓으면 대지의 기운으로 잎이 트는 절기가 단오 근처다. 땅에서 물오른 기운을 흠씬 뿜어 올리는 계절, 단오라! 사물이 이러할진대, 하물며 만물의 영장인 사람 마음에 물오름이야 오죽하리?

광한루 오작교 건너편에 자리를 잡고 앉아서 하염없이 그 시대를 그려본다.

•••••• 광한루

광한루와 오작교 ••••••

　이팔청춘 얼굴에 광채가 오른 이몽룡, 꽃 바람 부는 광한루에 올랐다. 광한루에서 쳐다보는 은하수를 닮은 호수, 그리고 그 사이를 잇고 있는 오작교! 삼신섬에 우거진 숲, 모든 것이 이몽룡 얼굴 가득 미소를 번지게 한다.

　나의 직녀는 어디에 있을까? 오작교 너머로 궁금함과 설렘이 봄바람에 풀어진다. 그때 안광을 빛나게 하는, 기대하던 임을 보게 된다.

태양의 빛남과 달의 우아함을 가리는 춘향의 그네 타는 자태! 봄바람
에 홍색 치맛자락이 풀어진 연처럼 설렁인다. 사랑을 향한 설레는 출
발이 시작된다.

　　나의 상상은 광한루 마루에서 오작교를 건너, 춘향이 그네를 타던
곳을 지나고 있다. 일렁이는 호수 물빛에 비친 오작교 모습이 흔들리
는 봄날 선남선녀의 마음과 같다.

•••••• 삼신섬 중 방장섬

광한루 호수 안에 지어 넣은 전설 속 삼신산인 영주산, 봉래산, 방장산!

섬을 연결하는 소담한 구름다리 사이로 신들이 산책할 것 같다.

오작교 옆 방장섬의 짙은 녹음!

하늘거리는 봄바람에 일렁이는 초록의 잎사귀들!

광한루에서 응시하는 이몽룡의 시선처럼

이 봄날 세상 빛은 연분홍 꽃빛처럼 아름답다.

삼신산에 심어져 있는 정원수는 그 시절 춘향과 몽룡을 보았을 터!

오늘 더욱 푸르고 생생히 그 시절을 재현하는 듯하다.

오작교를 건너는 사람들은 어떤 생각을 하고 있을까? 연인들은 손을 잡고 건너며 사랑을 약속하고 변치 않을 미래를 기약한다. 이곳 오작교 위의 모든 사람이 춘향과 이도령을 닮았다. 그리고 그들은 나이와 관계없이 가장 아름다운 이팔청춘으로 돌아가는 듯하다.

춘향과 몽룡은 세월 따라갔으나, 오늘 광한루에는 수많은 이몽룡과 성춘향이 또 다른 환생으로 오작교를 건너고 있다.

수백 년을 지나 현실로 돌아와도 이곳이 사랑스럽기는 매한가지다. 일 년에 한 번만 건너도 부부 금실이 좋아지고, 자녀들이 복을 받는다는 오작교에는 사람들의 사랑스러운 발길이 가득하다.

춘향과 이 도령의 사랑 이야기에 좀 더 빠져보고 싶으면 춘양테마공원으로 가보자! 이곳에서 좀 더 진솔한 이야기 흐름을 따라갈 수 있다.

여행,

내 마음의 안식처를 찾아서

•••••• 오작교를 한가로이 건너는 사람들

부용정 ······

춘향과 이 도령이 백년가약을 맺은 월매집 '부용정'에 도착한다. 진흙 속에서도 단아한 꽃을 피워 올리는 연꽃과 두 사람의 사랑이 비슷해서일까? 참 어울리는 이름이다. 혼탁한 사회 그리고 양반과 질서가 뚜렷했던 시절에 두 사람의 사랑은 연이 꽃을 피워 올리기만큼 어렵고 힘들었으리라!

달도 밝다! 저기 저 달이 우리의 증인이니 영원히 사랑을 간직하자! 춘향과 이 도령의 사랑의 맹세가 들리는 듯하다.

이쯤에서 어찌 판소리 「춘향가」 중 한 대목이 생각나지 않겠는가!

이리 오너라, 업고 놀자. 이리 오너라 업고 놀자.
사랑 사랑 사랑 내 사랑이야.
사랑이로구나 내 사랑이야.
이이이이 내 사랑이로다. 아매도 내 사랑아.

저리 가거라 뒤태를 보자.
이만큼 오너라 앞태를 보자.
아장아장 걸어라 걷는 태를 보자.
빵긋 웃어라 입속을 보자. 아매도 내 사랑아.

민속 음악에서 쓰는 가장 느린 속도의 진양조에서 출발한 춘향가
판소리는 사랑의 힘이 더해 갈수록 중중모리의 빠른 가락으로 바뀌어
간다. 빨라지는 가락 속에 춘향과 몽룡의 사랑이 깊어만 간다.

춘향골 구석구석을 다니며 지친 다리는 호텔의 더운물에서 마음껏
풀어도 좋다. 풀어지는 편안한 마음속에 남원골의 향기로운 이야기가
떠다닌다. 수많은 세월이 흘러도 영원한 주제인 사랑과 그 사랑의 대
표적인 고을 남원! 가만히 눈을 감고 음미하면 더욱 선명히 남원이 다
가선다.

저녁 출출할 때 간식으로 피자가 어떨까? 남원 근처의 임실은 좋

은 치즈 만들기로 유명하다. 이러한 좋은 치즈를 배경으로 만들어진 피자가 임실치즈 피자다. 입안에서 부드럽고 뜨겁게 녹아내리는 치즈로 오늘 남원의 향기는 더욱더 감미롭게 느껴진다.

남원의 사랑 향기에 달콤한 하루를 보내고 난 다음 날, 새로운 기대로 아침을 여는 마음이 설렌다. 아련한 사랑 이야기가 머릿속에 가득할 때, 이 시대가 낳은 진정한 이야기 『혼불』의 작가 최명희 선생을 만나볼 생각 때문이다.

17년이라는 상상할 수 없이 긴 세월 동안 혼신을 기울여 완성한 전체 10권의 대하소설 『혼불』! 1930년대 말, 전라도 한 종가를 지키는 종부와 문중의 땅을 부치며 살아가는 상민들이 겪었던 고난과 애환을 그린 방대한 소설이다. 한시라도 긴장의 끈을 놓지 못하는 작가의 삶을 그녀는 다음과 같이 술회한다.

> 쓰지 않고 사는 사람은 얼마나 좋을까?
> 때때로 나는 엎드려 울었다.
> 그리고 갚을 길도 없는 큰 빚을 지고
> 도망 다니는 사람처럼
> 항상 불안하고 외로웠다.

최명희 취재수첩의 이름은 길광편우(吉光片羽)였다. '상서로운 빛

또는 생각이 깃털처럼 나부낀다'는 뜻을 가진 수첩에서 그녀의 염원이 고스란히 느껴진다.

　이미 발생한 암을 견디며 고통스런 집필 과정을 계속하던 작가는 결국 51세의 안타까운 나이로 죽음을 맞이한다. 숨을 거두기 전 마지막 유언에서 작가는 이렇게 말한다.

　"혼불 하나면 됩니다. 아름다운 세상입니다. 참으로 잘 살고 갑니다."

　정갈이 꾸며진 문학관은 소설의 배경이 된 노적봉 아래 앉아 있다. 가지런한 육필원고에서 그녀의 육성이 들리는 듯하다.

　"웬일인지 원고를 쓸 때면, 손가락으로 바위를 뚫어 글씨를 새기는 것만 같은 생각이 든다……."

　꽃바람 가득하면 꼭 찾아가서 느끼고 싶었던 남원을 머릿속에서 가슴으로 옮기고 있다. 남원 요천 강가 숲에 가득한 아카시아 향기가 다시 코끝으로 느껴지는 듯하다.

•••••• 혼불 문학관

전라북도

군산시 익산시 완주군 무주군
김제시 전주시 진안군
부안군 임실군 장수군
정읍시 순창군 남원시
고창군

남원시

4 혼불 문학관

3 만인의총

2 춘향테마파크

1 광한루

5 스위트 호텔

첫날

• 광한루원(입장료: 1인당 2,500원)

• 춘향테마파크(입장료: 1인당 3,000원, 전라북도 남원시 양림길 14-9, T. 063-620-6836)

• 만인의총

• 저녁: 임실피자(치즈 크러스트 레귤러 사이즈, 16,000원)

 – 피자 짠맛이 덜함. 고소하고 바삭한 맛이 호텔 방에서 여유를 부리며 먹기에 제격임.

 – 도우가 바삭하고 둥그런 도우 끝 부분 속에는 치즈가 들어감.

둘째 날

•••부산집 추어탕

• 남원 혼불 문학관(전북 남원시 사매면 서도리, T. 522, 063-620-6788)

• 점심: 부산집 추어탕(1인분 8,000원, 전라북도 남원시 천거동 160-226, T. 063-632-7823)

 – 추어가 잘 갈아져서 부드럽고, 잡냄새가 나지 않는다. 듬뿍 넣은 시래기와 얼큰 시원한 추어탕을 목으로 넘긴다. 한낮 여름, 추어탕 한 그릇은 보양식이다. 산초가루를 뿌리면 향이 좋다.

숙소

•••스위트 호텔 남원(suites hotel)

• 스위트 호텔(130,000원 주중 금액 적용, T. 063-630-7121)

 – 한적한 곳에 위치하여 멀리 지리산을 응시할 수 있는 조망.

 – 저녁에 문을 열어놓으면 개구리 소리가 방 가득히 들어와 시골에 온 듯한 느낌이 듬.

 – 전체적으로 깨끗하고 조용함. 편히 쉬고 싶을 때 추천할 만 함.

 – 시설은 대체적으로 괜찮은 편임. 특히 넓은 욕조와 화장실 공간은 만족스러움.

통영   목포   속초

7. 바다가 그리울 때

통영

넘쳐나는 물산과 넉넉한 산하, 한려수도 동글동글한 섬,
삶의 한파를 피할 수 있는 남녘 바닷가

대도심에 한겨울이 오면 날씨 때문에도 춥지만, 사람이나 업무 때문에도 몸서리치게 추울 때가 많다. 목도리로 칭칭 동여매거나 옷깃을 여미서 피할 수 있는 냉기는 그나마 견딜 수 있지만, 도심에서 발생하는 사람과의 한기는 무엇으로도 가릴 길이 없다. 이 무렵만 되면 한없이 남녘 바닷가 어딘가에서 한파를 피할 수 있기를 갈구한다.

남녘을 생각하면 동으로도 서로도 치우치지 않는 가운데쯤 되는 곳이 좋겠다는 생각이 떠오르고 '통영'이라는 도시 이름이 자연스럽게 연상된다. 마르지 않는 샘처럼 우리 근대사의 곤궁기에 그나마 윤기를

간직했던 몇 안 되는 도시였으며, 넘쳐나는 물산과 넉넉한 산하를 간직한 통영이 손짓하는 듯하다. 도심이 몹시도 춥게 느껴졌던 어느 날 나는 '통영'을 느끼기 위해 길을 나섰다.

부산과 통영은 참 먼 길이었다. 부산서 출발하면 낙동강 하구와 을숙도를 옆에 끼고 한참을 지나야 서부 경남으로 접어들게 된다. 김해, 마산, 고성을 굽이굽이 돌아 남쪽 바다로 향하면 이윽고 통영에 도착할 수 있었다.

하지만 천지가 개벽하듯 새로 놓인 거가대교는 이런 교통지형을 완전히 바꾸어 놓았다. 서부 부산에서 숨 쉴 틈 없이 가덕도로 흘러들게 되고, 신항만의 위용에 정신을 팔다 보면 해저터널이 눈앞에 이른다. 잠시 해저를 달리는가 싶다가 바로 바다 위를 건너게 된다. 거가대교 근처에 올망졸망한 섬들이 눈에 닿을 듯 가깝다. 이 대교를 건너면 곧바로 거제도에 도착한다. 이전에 수많은 여객선들이 다니던 부산 거제노선이 현재는 모두 사라졌는데 새로 개통한 이 놀라운 다리 탓이다. 그리고 눈 깜빡할 사이에 거제도를 스쳐 지나면 통영에 도착할 수 있으니 이 신지평 같은 길은 참 신기하고 아름답다. 남녘의 바다를 마치 야트막한 고도의 비행선을 타고 아주 기분 좋은 속도로 유람한 기분이 들게 한다.

드디어 통영에 도착했다. 서울은 체감온도가 영하 10도를 맴도는데 여기 남쪽 바다에서는 여유로운 햇볕 맞이가 가능하다. 밀려오는 바다 호수를 고요한 마음으로 바라다봅니다.
점점이 떠 있는 섬들은 하늘과 바다를,
그리고 사람을 이어주는 징검다리 같습니다.

마음을 지평선 멀리 보내봅니다.
바다가, 하늘이 잘 가꾸어 놓은 정원 같습니다.
흩날리는 햇살이 은빛 보석 위로 부서지는 이곳은,
틀림없는 하늘정원입니다.

섬 저 너머에 근심 몇 조각을 내려놓고,
또 바다를 보며 희망을 퍼 올리고……
그렇게 오랫동안 가슴에 쌓인 무거움 떨고,
또 힘껏 살아 낼 수 있을 것 같은 자신감을 채워갑니다.
그래서 통영 이 바다는 쳐다보는 것만으로도 치유가 되는 것 같습니다.

미륵산 정상에서 본 통영의 섬

한산도 등대 ‥‥‥

한산정 과녁 ‥‥‥

한산도 수루 ‥‥‥

햇살에 잠시 볼을 내맡기고 있으면 겨울 한가운데라는 사실이 믿기지 않을 정도로 그 손길이 보드랍다.

한산섬에 들르면 수루에 앉아 깊은 애국의 시름에 젖어 있었을 충무공 모습이 눈앞에 보이는 듯하다. 작전을 지휘하고 군사를 조련했을 옛 병영의 부산함 역시 생생히 전해진다. 밀물과 썰물을 감안한 바다 건너 실전 활쏘기 훈련장 한산정! 한산정을 보면 지휘관의 철저함과 내기를 통한 재미까지 부여하려던 세심한 배려가 돋보인다. 그래서 이곳은 충무공의 지략이 빛나는 형언할 수 없이 현명한 바다이기도 하다.

펄펄 뛰는 생선이 모두 모여 있는 것 같은 중앙시장 뒤쪽 언덕부터는 '동피랑'이라 불리는 벽화 마을이 시작된다. 동피랑 길에 들어서면 골목골목 동화책에서 튀어 나온 것 같은 그림과 코를 푹 박고 동화에 빠져 있던 어린 시절 나와 마주할 수 있다.

'동피랑'은 '동쪽'과 '비랑'이라는 말의 합성어이고, '비랑'은 비탈을 뜻하는 통영사투리니, 그야말로 항구 비탈에 서로를 의지하고 서 있는 마을을 의미한다. 한때 공원 조성을 위하여 마을을 철거하려던 계획은 형형색색으로 담벼락에 피어난 벽화 덕분에 철회되었으니, 벽화의 그림처럼 동화 같고 기적 같은 이야기다. 사투리로 쓰여 있고, 표준말로 번역된 이야기를 들어 보면, 이곳 사람들의 마을 사랑을 느낄 수 있다.

관광 온 외지인들의 애정과 숨결로 가득 찬 마을은 이제 그 뜨거운 관심에 즐거운 비명과 웃지 못할 해프닝을 자아내고 있다. 벽화 골목길, 하늘과 닿은 마을, 그리고 힘없는 철거대상 집들에서 강구만을 당당하게 바라보는 상상창작 공간이 된 마을을 보면서 사람 사는 맛과 냄새가 느껴진다.

•••••• 동피랑 벽화

●●●●●● 달아공원에서 본 석양

통영에서 해넘이가 유달리 고운 곳은 '달아공원'이다. 붉게 지는 석양을 보며 통영의 하루를 정리한다. 이상하게도 이 바다에서 지는 석양을 바라보면서는 아쉬움이 들지 않는다. 내일 또 다른 풍요의 해가 뜰 거라는 기대 때문일 것이다.

아침 창가로 검은 밤빛이 걷히는 기미가 보인다. 열어젖힌 창으로 다도해 섬 사이로 비상하는 해를 맞는다. 거뭇거뭇한 하늘에 옅은 선홍빛이 물들더니 이윽고 섬 머리를 붉게 물들이면서 통영의 아침이 열리고 있다.

항구의 따스함

천천히 어항의 유도 등대 사이로 지난밤의 힘든 노고를 마친 어선이 들어오고 있다. 햇볕을 등에 지고 길게 갈매기를 끌고 들어서는 모습이 참 대견하다. 지난밤 역경이 얼마나 대단했는지, 그리고 얼마나 잘 이겨냈는지 그 숨결과 느낌만으로도 금방 알아챌 수 있다.

해가 점점 커지고 높아지면서 따스한 햇살이 항구 안에 가득하다. 건물들은 벽 가득 햇볕을 머금고 넘칠 만큼 환한 빛들을 내고 있다. 이제 그 가득한 따스함 아래에서 지난 고단함을 내려놓고 잠시 쉬어도 좋을 것 같다. 갈매기는 주인을 알아본 강아지처럼 촐랑거리며 선박을 맴돈다. 빛이 가득 찬 포구의 아침……

• 경상남도 •

거창군
함양군   합천군   창녕군   밀양시
산청군   의령군   함안군   창원시   양산시
진주시   마산시   김해시
하동군   사천시   고성군   진해시   강서구 ● 부산광역시 ●
남해군   거제시
                  통영시

강서구

¹ 부산신항만
² 거가대교

통영시

³ 동영

첫날

• 미륵산 케이블카 이용(9,000원), 미륵산 정상 조망(전망대 아메리카노 3,600원)
• 저녁: 원조 밀물식당(물메기탕 10,000원, 멍게 비빔밥 8,000원)
– 물메기 살은 국물에 보들보들 풀어져 있다. 모양과 다르게 어쩌나 시원한지 모른다. 강원도는 메기탕에 김치를 넣어서 시원한 맛이 배도록 하지만, 통영에서는 생선 자체 맛으로 시원함을 보여준다. 곁들여진 고추의 칼칼한 맛은 겨울 추위로 얼은 몸을 단박에 깨워준다.
– 멍게 비빔밥은 멍게 향이 참 좋다. 밥에 쓱쓱 비비면 그냥 꿀떡 넘어간다. 반찬으로는 볼락 깍두기가 나왔다. 통영 사람들의 볼락 사랑은 대단하다. 작은 볼락은 무와 양념을 버무려서 깍두기로 만들고, 큰 볼락은 회로 즐긴다. 깍두기 속에서 삭은 볼락은 고기의 뼈가 느껴지지 않을 정도로 입안에서 시원함과 녹는 느낌을 동시에 준다.

··· 물메기탕

··· 멍게 비빔밥

둘째 날

• 연안여객터미널에서 한산도 제승당 왕복
• 저녁 달아공원 해넘이
• 한산섬 승선비용(1인당 10,500원)
• 충무김밥 원조뚱보 할매 김밥(1인분 4,500원)

- 충무김밥을 보고 있으면 뱃사람들의 힘든 하루가 느껴진다. 바쁜 갯일 삶에서 급히 시장기를 해결하려는 뱃사람과 김밥 한 덩이 건네며 안녕을 기원하는 아낙의 마음도 함께 느껴 진다.

••• 충무김밥

• 저녁 대풍관(1인분 22,000원)
- 우유 빛깔의 뽀얀 굴, 탱탱하고 윤기가 난다. 입에서 착착 감 기며 부드럽게 넘어간다. 추운 겨울, 원기가 회복되는 것 같고 좋은 보양식 먹은 기분이다.

셋째 날

• 호텔 휴식 후 체크아웃
• 점심: 부일식당(졸복집 1인분 11,000원)
- 추위를 녹이는 따뜻하면서도 시원한 국물 맛이 일품이다.

• 기타 간식: 오미사 꿀빵, 8,000원(1통에 10개 들어 있음)
- 껍데기는 두툼한 도넛 맛과 비슷하고 동그란 모양이다. 겉에 엿이 전체적으로 발라져 있어, 윤기 가 나고 집는 순간 엿이 실처럼 따라 생긴다. 마무리는 깨를 뿌려 모양을 완성했다. 속은 넉넉한 팥으로 채워져 있다. 6·25 전쟁 이후부터 통영 여고생의 대표 간식거리였다는 점을 참고하면서 먹으면 좋다.

숙소

• 엔초비 호텔(홈쇼핑에서 숙박이용권 6박 구입 219,000원)
- 창업자가 멸치 관련업으로 호텔을 일구었다고 함. 무궁화 3개.
- 체크인 할 때 멸치를 한 봉지 줌. 호텔 로고도 멸치를 상징함.
- 1층에 밝고 깨끗한 커피숍이 있고 브런치 가능함.

••• 엔초비 호텔 전경

- 호텔 방 내부는 가격에 맞는 정도의 시설.
- 7층 701호에서는 통영 동호항 전경이 보이고, 해돋이를 시작으로 낙조까지 볼 수 있다. 눈을 뜨면서부터 다양한 어촌항의 볼거리를 제공함. 인터넷 가능.

목포

갯벌과 바다 생명의 웅성거림, 남도 맛깔나는 말솜씨,
동화 속 보물섬과 보물선

남도를 달려온 영산강이 강폭을 넓히며 서해로 잦아드는 곳! 풍요로움을 가슴에 품고 달려온 강물은 목포 앞에서 서해 끝자락과 만난다.

남도를 아우르며 온 대지를 덮었던 황토! 삶을 풍성하게 일구어내는 흙의 힘은 이곳 갯가에서 또 다른 생명 창조를 위해 스스로를 곰삭이며 짙은 갯벌로 변신한다. 이곳에 만들어진 모든 바다 생명을 품은 갯벌은 호남의 또 다른 논이요, 밭이다. 질펀하게 펼쳐진 갯벌, 강과 바다가 만나 또 다른 생명을 잉태하는 곳! 그 넓은 갯벌과 바다 생명의 웅성거림을 듣고 싶을 때, 나는 목포를 상상한다.

어릴 적부터 해적놀이, 신비의 섬, 보물선 등의 동화와 상상을 꿈꾸며 자라지 않은 이가 어디 있겠는가? 현대의 각박하고 살벌한 삶을 살아내다 보면 문득 어릴 적 읽던 동화 속 보물섬과 보물선이 그리워지지 않던가? 그렇다면 목포로 가서 그 시절 보물선의 흔적들을 마음으로 만져보는 것은 어떤가?

진한 풍미가 가득한 남도의 식당에서 음식만큼이나 정겨운 현지인들의 맛깔나는 말솜씨를 들으며 오감이 만족하는 식사를 해보는 것은 어떻겠는가?

입하가 지난 절기, 계절의 향기와 한낮 여름의 열기가 뒤섞여 있는 일 년 중 가장 아름다운 오월에 나는 문득 목포가 그리워진다.

궁금증을 안고 한달음에 달려간 곳은 우리나라 수중문화유산을 한눈에 살펴볼 수 있는 국립해양문화재 연구소였다. 11~12세기 고려 시대의 유산으로부터 시작해서 우리나라 바다에서 발견된 문화재의 총 숫자는 10만여 점에 이른다니 이것은 상상했던 한 척의 보물선을 한참 넘어서는 대단한 규모다.

세월을 거스르듯 이곳의 유물들은 마치 어제 일처럼 그 시대를 재현하고 있다. 우리나라에서 화려한 꽃을 피운 청자 문화를 실어 나르던 완도선* 앞에 서면 비색의 오묘하고 그윽한 빛을 만들기 위해 혼신

---

* 고려 11~12세기 서남해 바다를 운항한 청자운반선으로, 8백여 년이 지난 1983~84년 전남 완도 약산도 어두리 바다에서 발굴되었다. 청자 30,646점, 도기, 선상용품 등이 적재되어 있었다.

•••••• 완도선

을 다하던 장인들이 떠오른다. 또한, 작품을 싣고 해남에서 출발하여 장흥, 보성, 고흥 그리고 멀리 경상도 지역까지 부푼 꿈으로 항해하던 선조들의 표정도 보이는 듯하다.

　　고려 시대 선조들이 꽃피우고 가꾼 청자기술은 11세기에 들어서 한반도 서남부지역으로 생산지가 확대되었고, 부안과 강진은 그 청자 문화의 중심지가 되었다. 중국에서 조차도 세계 제일의 청자를 이곳 생산품으로 인정했을 정도니, 그 번성함과 해상 물자수송의 빈번함이 야 금방 상상이 간다.

　　대단한 기술은 수백 년 바닷물 속에 잠겨 있었어도 빛도 모양도 전

청자 사자 모양 향로 ·····

혀 바뀌지 않았음을 금방 확인할 수 있다. '청자 사자 모양의 향로[*]'를 보고 있으면 선조들의 익살과 실용성에 미소가 지어진다.

신안선[**] 유물 앞에 서면 14세기 초 우리나라를 중심으로 이어진 '해상 도자기 길(Ceramic Road)'이 머릿속에 그려진다. 그리고 중세 해상 무역의 폭과 넓이에 감탄을 금할 수 없다. 돌이켜보면 한국과 중국은 1949년 중국정부 수립, 친미국가를 배척하는 중국 정책, 한국전쟁 참

---

[*] 고려 12세기 제작 추정, 태안 대섬 해저의 태안선에서 출토. 향 연기가 사자 입에서 나오도록 설계됨.

[**] 1323년 중국에서 일본으로 항해 중에 신안바다에서 난파된 무역선. 14세기 제작된 중국 도자기 27,579점이 실려 있었다.

•••••• 첩첩이 청자선에서 발견된 고려청자

전 등 역사의 굵은 마디와 옹이로 인해 물자 흐름이 이어지지 못했던 30년의 단절 기간이 있지 않았던가! 1992년 한중수교 전까지 우리는 선조들이 왕래하던 이 길을 잇지 못하고 있었다.

어릴 적 동화 속에서나 그렸던 보물선은 살아 있는 영상이 되어 내게 다가섰다. 이제 더 이상 보물선은 찾아야 하는 대상이기보다는 마음속에 간직해야 하는 실제로 바뀌었다. 그래서인지 어릴 적 찾지 못해 아쉽던 보물섬은 마음에서 사라졌다. 대신 배달되지 못한 채 켜켜

갓바위 ‧‧‧‧‧‧

이 쌓여 있는 청자꾸러미가 못내 가슴속에 아쉬움으로 남는다.

　해수와 담수가 만나는 영산강 하구에 위치한 ‘갓바위’는 갓을 쓴 선비를 연상시킨다.[*] 그 오랜 시간 동안 멀리 영산호와 서해를 조망하며 갓바위는 무슨 생각을 하고 있을까? 수많은 매립과 개축으로 삼학도가 변해가는 모습도 보았을 테고, 유달산 아래의 새로운 매립지가 도시화되는 모습도 접했으리라! 영산강 하굿둑이 건설되어 목포와 영

---

* 천연기념물 500호. 오랜 세월 풍화작용과 파도의 해식작용으로 생성됨.

암이 연결되고, 건너편 영암군 삼호읍에 대불산업단지가 만들어지는 변화도 목도하였으리라! 수많은 풍상이 지나며 변화가 밀물처럼 밀려왔다가 썰물처럼 빠져나가는 현장도 묵묵히 보았으리라! 그저 변함없는 선비처럼 묵묵히 한 자리에서 그 변화들을 감내하였을 것이다. 이제는 해상보행교로 둘러싸여 시민들에게 곁을 내어주고, 화려한 조명과 와자지껄한 도시음에 섞여 있지만, 여전히 그 옛적 선비 모습을 그대로 간직하고 바다를 응시하고 있다.

"자유가 강물처럼 흐르고 민주주의가 들꽃처럼 만발하고 통일의 꿈이 무지개처럼 피어나는 나라를 만들고 싶다."

김대중 노벨평화상기념관에서 접한 고인의 진심이 담긴 말은 흉금을 울리기 충분하다.

"인생은 생각할수록 아름답고 역사는 앞으로 발전한다."

삼학도를 가만히 응시하다 보면, 질곡의 우리 역사와 이를 감내하던 목포의 모습이 잔잔한 다가선다.

현대 호텔 1층에 위치한 전망 좋은 커피숍 '사라'! 영암호에 사그라지는 낙조를 보며 호남을 응시한다. 그리고 느긋하고 편안하게 호남의 풍요 속에 빠져든다. 달콤한 티라미슈와 일리(illy)커피와 같이해도 좋으리라!
아니면 부드러운 크림 스파게티로 한낮 목포 시내에서 피곤해진 몸을 달래보는 것도 괜찮으리라! 밀러 맥주 한 잔 넘기는 사이에 영암

현대 호텔 베란다에서 보이는 영암호와 바다 전경 ······

호에는 밤이 찾아오고 있다.

아침, 찾아든 햇살에 창을 열어젖힌다! 밝고 환하게 온 세상이 깨어 있다. 오늘은 목포 시내를 모두 조망할 수 있는 유달산에 올라 목포를 가슴에 품고 싶다.

육지가 바다에 잠기면서 조막 조막한 섬들을 아쉬움처럼 남겨 두었으니, 가란도, 압해도, 율도, 장좌도, 외달도, 달리도, 고하도, 허사도 등이 목포 앞바다를 방파제처럼 둘러치며 점점히 떠 있다. 멀리는 임자도, 증도, 자은도, 안좌도, 장산도, 하의도, 진도 등이 병풍처럼 진을 치고 있으니 이곳은 그야말로 바다로부터 안전하고 적으로부터 걱정 없는 형세를 가지고 있다.

유달산에 올라 멀리 그리고 가까이 떠 있는 섬들을 부드러운 시선으로 훑으며, 목포 시내까지 한참을 응시한다.

문득 귓전을 파고드는 이난영의 노랫가락*에서 지금은 도심에 묻혀버려 정취를 찾기 어려운 '삼학도'가 가물가물 흐릿한 형태를 드러낸다. 사랑하는 사람을 연모하다 학이 된 세 처녀의 그리움도 그 속에 담겨 있다.**

---

* 1935년 발표된 이난영의 「목포의 눈물」

** 전설에 의하면 유달장수를 사모한 세 처녀가 있었고, 이들은 죽어서 학이 되었다고 함. 학으로 환생한 이들은 유달산을 날아다니다 유달장수의 화살에 맞아 유달산 앞바다에 떨어졌고, 세 개의 섬이 되었는데 이것이 '삼학도'다.

거듭거듭 유달산에 맴도는 「목포의 눈물」에서, 또 목포 근대 역사관에서, 일제강점기 우리의 지난했던 삶을 기억할 수 있다. 하지만 이제 바닥까지 내려앉은 애잔한 마음을 호남의 넉넉한 기운으로 위무할 시간이다.

물산이 풍부하고 사람 인심이 좋았던 이곳에서 풍요로운 마음으로 물고기 사전*을 작성하던 정약전을 그려본다. 목포와 흑산도 주변까지 그야말로 물 반 고기 반이었을 풍부한 바다와 넉넉한 인심도 생각해 본다.

그리고 사통팔달의 뻗어 나가는 목포를 상상해본다. 국도 1호선과 2호선의 출발지로서, KTX, 서해안고속도로의 연결도시로서, 그리고 화려했던 14세기 '해상 도자기 길'을 현대에 재현하는 서남해안 해상 물류 거점으로서 활기찬 목포가 되기를 희망해본다.

"약무호남(若無湖南)이면 시무국가(是無國家)"
"만약 호남이 없었다면, 나라도 없었으리라."

충무공의 일성이 귓가에 맴돈다……

---

* 자산어보(玆山魚譜, 1814) : 정약전이 집필한 조선 시대 해양수산 생물 사전.

목포시 전경 •••••

●전라남도●

영광군 장성군 담양군 곡성군
함평군 광주광역시 구례군 광양시
무안군 나주시 화순군 순천시
신안군 목포시 영암군 보성군 여수시
해남군 장흥군 고흥군
진도군 강진군
완도군

목포시

영암군

5 노적봉
유달산
1 갓바위
2 국립해양문화재 연구소
3 김대중 노벨
평화상기념관
4 목포 현대 호텔

···명인집: 갈치찜

첫날

- 국립해양문화재 연구소
- 목포자연사 박물관
- 갓바위
- 김대중 노벨평화상기념관
- 현대 호텔 체크인
- 점심: 명인집(갈치찜 小 50,000원, 목포시 성동 973-8, T. 061-245-8808)
- 슬로건: 밥맛 나는 식당, 지산지소(地産地消): 이 땅에서 난 생산물을 이 땅에서 소비하자!
- 기본 반찬, 코다리, 샐러드, 잡채, 인삼 튀김, 갈치찜, 코다리와 샐러드를 같이 먹는 것도 괜찮음.
- 갈치찜: 갓, 묵은지, 감자, 무우, 호박, 국물은 착착 감겨서 밥 비벼 먹기 좋음. 깊은 바다에 사는
  먹갈치 살은 쫀득하고 단맛이 남.
- 호박 막걸리 한 잔 곁들여도 좋음(한 잔에 1,000원). 쌉쌀한 맛. 호박, 유자를 넣어 만든 막걸리는 단
  맛과 신맛도 약간 남.
- 저녁: 현대 호텔 1층 사라(초콜릿 티라미슈 4,500원, 블루베리 티라미슈 4,500원, 일리 커피 4,000원, 버섯 크
  림 스파게티 18,000원, 버드와이저 7,000원, 밀러 8,000원)
- 식사 주문시 커피는 7,000원에서 4,000원으로 할인. 달콤한 티라미슈와 먹기 좋다.
- 스파게티는 다양한 종류의 버섯과 크림으로 맛을 내어 고소하다. 버섯 식감도 풍부하게 느낄 수
  있다. 일반적인 호텔 음식보다 양적인 부분도 만족스러움.
- 가볍게 맥주 한 잔하며 하루의 피로를 풀고 일정을 마무리할 수 있다. 양파맛 스낵과 함께 나오므
  로 특별한 안주가 필요 없음.

둘째 날

- 노적봉
- 유달산
- 목포 근대 역사관
- 노적봉 예술공원
- 점심: 영란 횟집 민어회(45,000원, 탕+식사 7,000원, T. 061-243-7311)
- 민어: 육질이 쫄깃하고 담백함.
- 달짝지근한 초장 소스 맛과 민어회 맛이 잘 조화됨.

••• 영란 횟집: 민어회

- 쑥갓과 상추에 민어를 같이 싸 먹는 맛이 괜찮음.
- 민어는 홍어, 세발낙지, 갈치조림, 꽃게 무침과 함께 목포의 5미
  로 꼽히는 음식임.

숙소

- 현대 호텔(바다 전망 143,990원)
- 호텔 객실에서 탁 트인 영암호, 금호 방조제와 서해 조망을 할 수
  있음.

••• 현대 호텔

- 낮은 동산 꼭대기에 호텔이 있어, 호텔 로비의 전망대에서도 시
  원한 주변 풍광을 즐길 수 있음.
- 현대 삼호조선소가 인접해서인지 커피숍에는 많은 외국인이 저
  녁 시간 즐거운 담소를 나누는 모습을 볼 수 있음.

속초

겨울 삭풍에 서 있는 나무, 동해의 시린 하늘과 산맥, 골짜기 아래
유유히 헤엄치는 빙어, 그리고 푸른 바다를 휘젓고 다니던 명태

머리카락을 한올 한올 서게 하는 겨울 대찬 칼바람!

머릿속의 혼돈이나 잠시 게으름은 겨울바람 한 줌으로도 순식간에 마음 밖으로 떨칠 수 있다. 무언가 털어내고 싶거나 정리하고 싶을 때는 이 바람이 제격이다.

지금 센바람 부는 동해 겨울 바다는 해변을 집어삼킬 듯한 거친 파도가 웅성거리고 있을 것이다. 그 파도 앞에 가슴을 모두 내맡기고 서 있어보고 싶다. 그러면 들끓는 상념 모두를 송두리째 이 바람 끝에 실어 보낼 수 있을 것 같다.

겨울 가운데 홀로 삭풍에 서 있는 나무, 동해의 시린 하늘과 산맥, 그 골짜기 아래 유유히 헤엄치는 빙어, 그리고 푸른 바다를 휘젓고 다니던 명태……. 이런 단어들을 만나면 가슴 한켠이 시원해질 것 같은 기분이 든다.

도심을 지나 강원도라는 세상의 경계임을 선명히 알 수 있는 것은 냉랭한 바람, 잔설 그리고 메마른 몸으로 바람을 가르는 나무를 접할 수 있기 때문이다.

눈 속에 서 있는 겨울나무!
지난여름의 영화를 벗어 버린 것은 오래되었습니다.
그렇게 아무 가식도 걸치지 않은 채 오로지
자연에만 기대어 하늘을 향해 온몸을 내맡기고 있습니다.

잔설이 찬기를 머금고 웅크리고 있는 산기슭 그리고 응지 넠마다
지난여름 무성한 잎을 달고 인생을 향유하던
활엽수들이 진저리를 치며 서 있습니다.

인제 내린천을 곁에 두고 달리다 보면 어릴 적 앉은뱅이 썰매 같이 타던 동무가 손 흔들어 줄 것 같다. 그렇게 오랫동안 잊고 있었지만, 어제 일처럼 생생하게 다가선다. 그리고 그 강물 아래에는 속까지 투

명한 호수의 요정, 빙어들이 싱싱한 몸짓으로 나를 부르는 듯하다.

겨울, 모두 숨어버린 찬 강기슭을 투명한 가슴을 안고 헤엄쳐 다닙니다.
추위는 아랑곳하지 않습니다.
이 강 위에 투영되는 겨울 햇볕 한줌이면
넉넉히 이 추위를 감당할 수 있으니까요.

겨울 냉기처럼 저의 몸도 생각도
그렇게 바람처럼 야위고 안을 훤히 보일 것 같습니다.

사람들이 여기저기 인사를 해 옵니다.
구멍을 내고 얼굴을 내밀면서 반가운 웃음을 보내네요!
이 추위에, 이 산골에 너무 감격스러워 나도 인사를 합니다.
잡히고 죽는 것은 이미 안중에 없습니다.

이 겨울에 받은 미소 한 조각으로 이미 보답이 되었기 때문이지요!.
제 이름은요, 이름은 빙어입니다!

미시령과 진부령의 허리 아래, 혹한의 냉기를 품은 겨울만이 존재하는 '용대리'에는 명태 물결이 밭에서 일렁인다. 명태가 황태가 되기 위하여 온 겨울을 그렇게 하늘 향해 기도하는 이곳은 참 장엄하기까지 하다.

동해는 저의 앞마당이었지요.
어려서 부모님을 따라 앞마당을 나선 후로
저는 숱한 바다를 거침없이 헤엄쳤습니다.

어른이 된 후로 세상과 맞서면서부터는
더 멀리로 더 많은 바다를 경험해야 했습니다.
이제 고향 앞마당 내 바다가 그립습니다.

저는 지금 햇볕을 향해 온몸을 내맡긴 채 명태덕장에 널려 있습니다.
고향 앞바다가 보이고 한없이 편안하고 맑은 마음입니다.
이제 제가 경험한 이야기들로
수없이 많은 분들의 속풀이를 해드릴 생각입니다.

미시령을 넘어 속초에 다가서면 그 겨울 산하에 탄성이 절로 나온다. 손끝에 닿을 듯한 하늘, 멀리 보이는 짙푸른 동해, 그리고 눈부신 자연이 한꺼번에 현실로 다가선다.

저녁은 동해에서 건져 올린 바다 생선구이가 어떨까! 상상만으로도 행복하다.

삼치, 꽁치, 매로, 오징어, 임연수, 도루묵, 청어, 납세미, 눈볼대 (빨간 고기), 양미리……

숯불 위에 구이판이 올려지고 겨울 바다의 진객들이 차례로 올려진다. 금방 살아 퍼덕이던 바다의 몸짓이 숯불 위에서 춤춘다. 생선 굽

미시령 첩첩이 고운 한복의 주름 같은 산봉우리들!
산머리 그리고 골짜기, 골골이 이고 지고 쌓여있는 은백의 눈꽃 향연.
산맥의 시작은 어디고 그 끝의 경계도 보이지 않습니다.
햇볕 속에 빛나는 산맥들의 장엄한 향연,
겨울 준비를 마치고 결연한 표정으로 웅웅거리는 소리를 내고 있습니다.

•••••• 흰 눈을 머리에 쓴 울산바위와 미시령

는 냄새가 이토록 싱싱하고 새로울 수 있을까? 구이판 가득 놓인 바다의 향연에 젓가락이 덩달아 바쁘다. 어디를 입에 넣어도 바다의 맛 그 자체다. 속초 앞바다가 지금 불판 위에 그득이다.

아침 햇살이 창가 가득 밀려온다. 겨울 따듯한 햇살이 벌꿀 색깔 벽지에 가득 찬다. 눈을 뜨고 그 따듯한 햇살을 그저 가만히 느끼고 있어본다. 꿈과 현실의 경계가 흐릿하고, 한없이 즐거운 생각만 든다. 지금이 겨울이라는 사실은 창밖에만 존재한다.

쏘라노 침실에 가득 든 햇살 •••••

•••••• 거울에 비친 햇살 가득한 겨울 베란다

따뜻한 햇볕에 의자를 내어놓고 온몸 가득 햇살을 좀 더 즐긴다. 뛰어노는 아이들의 즐거운 표정과 깔깔거리는 소리가 더욱 청량감을 준다. 이 햇살 속에 있다 보면, 맨발로 아이들과 뛰어놀고 싶은 계절과는 상관없는 상상도 해본다.

• 강원도

인제군

속초시

5 생선구이
   갯배

3 용대리
  황태덕장

4 한화
   쏘라노

2 인제 내린천
  빙어축제

강릉시

1 춘천 동홍천
  고속 동홍천 IC

6 테라로사
  커피 공장

첫날

• 오전 출발 ― 속초 도착 ― 숙소 체크인 ― 갯배 체험

• 부대시설인 워터피아 방문(온천 및 물놀이 시설)

• 저녁: 88 생선구이 집(1인당 12,000원, 속초 중앙동)

• 속초 중앙시장 만석 닭강정 구입(1상자 16,000원)

••• 홍대포의 푸짐한 해천탕

둘째 날

• 동해 방문

• 점심: 동해 홍대포(해천탕 中 60,000원, 강원 동해시 천곡동 995-5)

― 먼저 나온 도톰한 두부 튀김은 식욕을 돋운다.

― 양은 냄비 가득 담긴 해산물, 큼직한 문어, 살아 있는 전복, 가리비, 홍합, 바지락 그리고 닭 한 마
  리가 식욕을 자극한다. 땡초와 마늘의 매운맛이 닭 국물의 느끼함을 없애고 담백한 맛을 만든다.
  문어의 속살은 부드럽기 그지없다. 겨울 깔깔한 입맛에 윤기가 돈다.

• 강릉 테라로사 커피 공장(커피 5,500원)

숙소

• 쏘라노(주중 금액, 콘도24 할인 278,888원, 총 4인 조식과 워터피아 입장료 포함.)

― 콘도형과 호텔형으로 나누어져 있어 여행 성격에 맞추어 선택해서
  알차게 보낼 수 있는 실속형 숙소.

― 콘도형은 주방이 다소 협소 하였으나, 기본적으로 갖추어야 할 비
  품은 거의 비치되어 있음.

••• 설악산을 배경으로 서 있는 숙소

― 객실 위치는 남향으로 따스한 햇살이 침대 위로 비침. 베란다에서 설악산의 웅장한 광경을 조망
  할 수 있음.

― 조식 1인당(18,000원) 고급 호텔 조식과는 다소 차이가 있지만, 종류가 다양하고 맛도 괜찮음.

― 큰 편의점이 있는데, 고기류부터 채소류까지 거의 구비되어 있음.

해운대, 용궁사   부안, 내소사, 모항

8. 마음에 하나쯤 소원이 생길 때

해운대, 용궁사

바닷바람과 붕장어 그리고 소주 한 잔, 염원의 바다,
창 넘어 느끼는 해운대

삶이 때로는 난간에 걸린 것처럼 위태롭고, 한 발짝도 뗄 수 없을 만큼 불안스럽기 이를 데 없을 때가 있다. 무엇을 해도, 그리고 보아도 답답한 속을 형언하기도 해소하기도 어려울 때는 그냥 습관처럼 꿀떡 가슴에다 삼키고 살아가기가 십상이었다. 그러다 어느 한날, 견디다 견디다 안 되면 어디엔가라도 간절히 기원하고 싶은 날이 생긴다.

"아, 더도 말고 덜도 말고 꼭 하나만 들어주시면 안 될까요?"
이렇게 무엇인가 간절히 기원하고 싶은 때가 있을 것이다. 이럴 때 는 꼭 한 가지 소원 만큼은 들어주기로 소문난 용궁사(龍宮寺)가 자석 처럼 끌어당긴다.

출발 아침, 일찍부터 앞을 분간하기 힘든 안개와 마주 선다. 우유처럼 하얀 아침 안개에 파묻혀 꿈결 같은 길을 재촉한다. 한 치 앞도 구분하기 힘든 이 길은 흡사 우리 내 인생 같지 않은가? 더디고 답답하고 안타깝다. 용궁사를 찾아 나서는 이유 덕분에 그나마 위안을 삼을 수 있다.

인생에도 굽이가 있고 전환점(turning point)이 있듯이, 하루에도 꼭 일이 잘되거나 안 되는 반환점이 있다. 마찬가지 원리로 여행에도 전환점이 있고, 이 순간을 잘 넘겨야 즐거운 마음으로 여행의 마침 점을 찍을 수 있다.

동해의 싱싱함과 활어의 살아 있는 느낌, 그리고 밀려든 인파 속에서 바쁜 젓가락질을 경험하면 여행의 즐거움으로 빠져들 수 있다.

용궁사 가는 길에 들린 기장군 월전의 붕장어(아나고)구이 마을!

해안가에 엄청난 인구가 모여 사는 부산 해운대, 그리고 내륙의 울산, 양산, 밀양, 삼랑진! 골골의 사람들이 모두 모인 일요일 저녁 때 활어구이장은 인산인해다. 해산물 하면 좀 먹어보았고, 맛도 너무 잘 아는 이들이 이 정도 모일 정도면 그 이유는 충분히 있으리라! 시끌벅적한 시골 장터는 저리 가라 할 정도로 아우성이다.

이곳은 싱싱한 붕장어를 즉석에서 장만하여 구워 먹는 방법을 채택하고 있고, 월전 붕장어는 어떤 것을 상상해도 싱싱함에서는 단연 최고다.

작은 화로와 숯불 위에서 익어가는 장어는 싱싱함 외에 어떤 가식

도 없다. 숯불 위에서 익은 부드러운 속살을 초고추장에 찍어 입에 넘기면 붕장어의 고소한 맛은 이미 상상과 일치한다. 사람들 왁자지껄한 소리 사이로 장어 익는 냄새가 기분 좋게 흘러다닌다. 이곳 바닷바람과 붕장어, 그리고 소주 한 잔이면 사람 사이의 마음을 열고, 그 높던 턱을 단박에 없앨 수 있을 것 같다.

동해의 끝자락, 그리고 남해가 만나는 곳! 동해의 짙푸른 바다 색깔과 남해의 포근함을 모두 품은 바닷가에 한 폭의 그림 같은 절이 떠 있다. 그 찬연한 자태와 동해의 색감이 산속에서만 보던 절의 모습과 뒤엉켜 머릿속에 혼동을 가져온다. 오밀조밀 갯바위에 앉아 있는 사찰들은 낮은 자세로 중생을 대하는 것 같아 마음에 저어함이 덜하다. 해변 그리고 바다를 바라보는 탁 트인 공간에 세워진 불상들은 마치 세상의 어려움을 몸소 해결하려는 결연한 의지를 담고 있는 것 같아 마음이 기댈 큰 언덕을 얻은 기분이다.

한 가지 소원은 꼭 들어준다고 해서 일 년 내내 불자들의 발길이 끊이지 않는 이 절에 얼마나 많은 소원이 풀어져 있을까? 얼마나 많은 중생들이 이곳에서 염원을 펼쳐놓고 지극정성을 다했을까? 이곳저곳 보이는 모두가 발복을 염원하는 장소요, 사람들 천지다. 소리 없는 아우성이 이 절에 가득한 것 같다. 문득 이 바다는 이처럼 많은 이들의 소원과 염원이 쌓여 만들어지지 않았을까 상상해본다.

그 염원의 바다에 제일 가까운 절, 그리고 바닷가에서 가장 먼저 해를 맞이하는 절에서 나도 간절한 염원 하나를 풀어놓는다. 이제야

해동 용궁사 전경

출발할 때 가졌던 목적을 이룬 것 같다. 염원이 이루어진 것도 아닌데, 마음이 홀가분하다. 들어주신다고 약속한 것도 아닌데 기분은 자못 시원스럽다. 모두 잘 될 것이라는 믿음이 마음에 고이고, 괜찮을 것이라는 자기 위안도 덤으로 받는다. 염원이 담긴 동해를 본다. 바닷물처럼 많은 염원 모두가 이루어지기를 소망 드린다!

　해운대 밤 백사장을 길게 걸어 본다. 지난여름 수많은 이야기가 백사장 곳곳에 묻어 있는 것 같다.

●●●●●● 해운대 밤바다와 조선 비치 호텔 야경

지금 겨울 밤바다에는 새로운 인연을 맺기 위하여, 그리고 지난여름의 인연을 추억하기 위하여 많은 이들이 발걸음을 남기고 있다.

그리고 여기 백사장에는 온통 술래잡기 흔적이 지천이다. 파도가 멀어지면 사람이 다가서고, 사람이 멀어지면 파도가 따라온다. 발끝에 아슬아슬 닿으려면 신명 나는 흥분의 소리가 드높다.

파도 곁에 서면 파도는 자기만 보아달라고 아우성이다. 조금 가까이 다가서면 먼 바닷소리를 여지없이 들을 수 있다. 해운대에서 지난여름의 추억과 바다가 하고 싶은 이야기를 모두 들어보자!

해운대 조선 비치에 위치한 '오킴스'의 분위기는 경쾌하고 안락하다. 그저 스코틀랜드의 어느 펍(Pub)과 같은 음악이 흘러나오고, 가볍게 기네스 한 잔 시키고 하염없이 밤바다를 쳐다보아도 누구도 눈치 주지 않는다.

조선 비치 호텔 오킴스 ••••••

기네스! 부드러운 첫 잔의 목넘김, 만남이 순하고 부담 없다.

넉넉한 크림 뒤에 따르는 커피 향이라고 표현해야 좋을까!

크림 맛, 갓 볶은 부드러운 보리 내음 그리고 가벼운 커피 향이 얼핏 느껴지며, 탄산처럼 혀를 살짝 터치하는 모습도 흥미롭다.

경박하지 않은 가벼운 음악을 곁에 두면서, 창 넘어 해운대를 느긋이 감상한다. 그러다 보면 이미 멀리 지나간 나의 빛나던 청춘이 창밖에서 춤추듯 다가선다.

밤이 깊어지지만, 해운대의 밤은 마냥 밝고 경쾌하게만 느껴진다.

해변에 무명 밴드들의 노랫가락에 마음을 주어본다……. 이십 대 내가 그곳에서 손뼉 치며 기뻐하고 있다…….

아침 햇살 찬연히 부서지는 남녘의 바다에는 은색 희망이 바다에 가득하다. 현대기술로 빚은 마천루와 바다가 빚어내는 조화 속에서 그저 편안함이 느껴진다.

바다를 응시하고 있는 인어상은 코펜하겐의 인어상보다, 라인

•••••• 해운대 동백섬 인어상

해운대 동백섬에 핀 동백 •••••

강의 로렐라이(Loreley) 인어상보다 더 고혹적이고 깊은 사연을 지닌 듯하다.

한겨울인 지금 이 바다에는 벌써 봄기운이 가득하고, 수줍은 동백은 여행자의 마음을 한없이 들뜨게 한다.

"봄에 대한 기대와 설렘이지 않을까, 이 기분은!"

311

부산광역시

기장군

¹ 기장 월전마을

해운대구

² 용궁사

⁵ 해운대 동백섬

³ 도요코 인 호텔

⁴ 조선 비치 호텔 오킴스

첫날

- 기장군 월전마을 도착 — 해동 용궁사 방문 — 숙소 체크인 오후 7시 — 해운대 백사장 산책
- 점심: 옥산휴게소 하행(순두부 청국장, 7,000원, 하얀 순두부 6,000원)
- 순하고 고소하고 시원하다. 빈속에 자극적이지 않다. 매일 아침 즉석에서 만든 고소한 하얀 순두
  부, 갈아 넣은 소고기, 표고버섯, 감자, 해물을 우려낸 듯 시원한 육수가 일품이다.
- 저녁: 붕장어구이 시식, 월전마을(1kg·22,000원)
- 갓 잡아 올린 붕장어의 신선하고 고소한 맛이 일품.

둘째 날

- 동백섬 산책
- 귀가

숙소

- 도요코 인 호텔(회원 할인가 호텔비 52,000원, 주차비 5,000원)
- 해운대 백사장/파라다이스 호텔 걸어서 5분 거리.
- 프랑스 에펠탑 호텔과 같이 여행자에게 편리한 호텔.
- 작지만 편리하게 사용할 수 있는 내부 배치. 욕조, 가습기, 인터넷, 드라이기,
  금고, 냉난방, 잠옷 제공, 호텔 가격 할인, 주차 예약 등을 제공.
- 조식 제공(오전 9시까지): 빵, 오렌지 주스, 잼, 밥, 김밥, 김치, 미역국 등
- 조선 비치 호텔 오킴스/기네스 맥주(1잔 21,000원)

··· 해운대 도요코 인 호텔

부안, 내소사, 모항

우연처럼 필연처럼 내소사를 향하는 발걸음,
소금을 만드는 논, 변산반도의 보석 상자

군대와 대학을 가버려 빈 둥지처럼 휑한 아이 방을 보면 안쓰러움
과 적적함이 가슴 깊이 흐른다. 돌이켜보면 그리도 길고 영원할 것 같
은 시간은 거짓말처럼 흘러 버렸고, 눈 깜박할 사이에 아이들은 성장
하여 각자의 길로 접어들었다. 이제 삶의 여정에서 잠시 숨을 고르고
앉아서 뒤를 돌아볼 여유도 생겼는데, 늘 근처에 있을 것만 같던 소중
한 아이들은 성장과 더불어 둥지를 떠나버렸다. 가끔 그리움이 넘치
고, 지난 시간이 회한스러울 때마다, 그나마 아이들의 어린 시절을 떠
올리며 위안을 받곤 한다.

둘째 아이가 초등학생이던 때였다. 학기 중간시험을 볼 예정이 되

내소사 대웅보전 전경

어 있던 며칠 전, 부안 내소사에 들리게 되었다. 불심이 깊거나 종교를
마음에 두었기 때문이라기보다는 시험에 대한 부담감 때문에, 그리고
좋은 성적을 바라는 소박한 바람 때문인지는 몰라도 아이는 고사리손
을 모으고 수줍게 기원을 드렸었다. 가피(加被)*의 덕택에 반에서 좋은
성적을 거두었고, 이후 아이 인생에서 이 기록은 잘 깨어지지 않을 정
도로 좋았었다.

　일을 경험한 후, 딱히 불자도 아닌 나는 무언가 대단한 비밀이라도
아는 것처럼 조용히 그리고 어려운 일이 생길 때마다 이곳에 들를 궁

---

* 부처나 보살이 자비를 베풀어 중생에게 힘을 줌.

리를 하곤 했다. 이후 몇 번 들를 기회가 있었고, 그때마다 초등학생이던 아이처럼 나는 소원을 들고 찾아가 들어주실 것을 조르곤 했다.

아이들이 그리울 때마다 내겐 우연처럼 필연처럼 내소사를 향하는 발걸음을 생각하곤 했다.

> 오늘도 염치없이 또 소원하나 들고 왔습니다.
> 꼭 들어 주세요! 꼭 들어주세요…….
>
> 에고, 이 염치는 언제나 차릴 수 있으려나!
> 그래도 저는 여기서만 이렇게 간절히 조르지,
> 다른 곳에서는 달라고도, 빼앗지도 않으려고 노력합니다.
> 그러니 마냥 염치없지만은 않습니다!
>
> 오늘은 꼭 들어주세요!
> 아이들이 늘 복되게 살 수 있도록 해주세요!

내소사를 창건한 두타 스님의 기원이 "여기에 들어오시는 분들의 모든 일이 다 소생되게 하여 주십시오."였으므로 마음껏 떼를 부려도 되지 않나 싶다. 이렇게 떼를 좀 쓰고 나면 마음이 한결 편해진다. 처음이나 지금이나 내소사를 찾는 주목적은 발복 기원이 대부분이었다.

하지만 뜨문뜨문 찾는 횟수에도 불구하고, 내소사 자체의 단아함은 문득문득 빈 마음에 다가서곤 했다. 오랜 세월 앞에 단청의 힘을 모두 빼 대웅보전을 접하고 있으면, 소탈하고 권위적이지 않지만 빛나는 겸손이 느껴진다.

보고 있기만 해도 마음이 편해지고, 아늑한 우아함이 느껴진다. 대웅보전을 바치고 있는 주 기둥들도 곳곳이 깎아서 반듯하게 세우기보다는, 나무 원형 그대로 휜 모양이 자연스럽다. 기둥을 떠받친 주춧돌역시 원래 바위 모습 그대로다. 그러니 대웅보전은 자연스러움 그 자체일 수밖에! 못하나 쓰지 않고 나무만 깎고 서로 잇대어서 지은 건물에서 물 흐르듯 편안함과 깊은 울림이 전해진다. 인위를 벗어두고 자연스러움과 소재의 원형을 그대로 사용한 아름다움이 가슴에 편하게 내려앉는다. 그저 친한 친구 집에 놀러 온 듯한 감정이 느껴진다.

•••••• 내소사 설선당의 가마솥

    설선당의 사람 키보다 큰 무쇠 가마솥을 보고 있으면 수백 명의 밥을 짓고 삶을 책임졌던 듬직함이 느껴진다. 햇볕에 잘 마르고 있는 장작더미는 겨울철 따뜻한 군불을 책임지리라! 훈훈하고 넉넉하다. 이곳에 깃들어 계시는 모든 이들 그리고 인연이 닿은 모든 생명들을 온기로 가득 채워 줄 것 같다.

    대웅보전 앞마당에서 절의 모습을 1,000년 이상 지켜보고 있는 느티나무를 보고 있으면 우리네 인생이 얼마나 짧은지, 그리고 그 안의 번뇌와 망상은 또 얼마나 작고 부질없는지가 새삼스럽다. 무한한 시공

내소사 천 년 된 느티나무 ●●●●●

사찰에 가시면 나오시기 전에 찻집에 잠시 들리세요!
커피도 향이 좋고 마음을 차분하게 해주지만,
우리 차는 더욱 고요한 마음을 선사합니다.

산사 뜰이 보이는 찻집에 앉아 가만히 눈 감고 있으면,
마음의 바닥이 느껴질 정도로 심연에 와 있는 나를 볼 수 있습니다.
이렇게 깊이 바닥까지 내려 와 봐야
좀 더 솔직한 나를 내가 발견할 수 있습니다.

시간과 돈 아끼지 마시고 그냥 찻집에 들르세요.
그리고 가만히 앉아서 마음이 가는 곳으로 따라가 보세요.
사실 그러려고 산사에 온 거잖아요!
편안하게 마음을 내려주는 음악을 들으며,
그렇게 말없이 나를 관조하며 몇십 분만 있어 보세요.
내가 누구인지, 내가 내 음성으로 말하는 것을,
행운처럼 들을 수도 있습니다.
이곳에서 마시는 차 이름이 소생차라고 불리는 것이 자연스럽습니다.

간은 압축되어 느티나무와 함께 있다. 역사의 긴 연대기를 풍미했던 조선조를 훨씬 앞서는 백제 시대부터 여기 이대로, 이 자리에, 이 모습대로 서 있는 고목! 그리고 오늘 내가 천 년을 넘어온 나무를 쳐다보고 있다.

찻집 창으로 밖을 보면 수많은 사람들이 하나 가득 소원을 들고 와서 간절히 빈다. 너무도 자연스럽고 자연스럽다. 나도 돌탑 쌓듯 그 많은 소원에 하나를 올려둔다. 내가 쌓은 소원이 이루어지리라는 희망 때문에 산사를 내려가는 발걸음이 가볍다.

내소사를 뒤에 두고 줄포만으로 들어서면 갯벌과 바다가 자연스레 공존하는 청정지역 '곰소'에 닿는다.

곰소에 오면 이 지역의 지인과 했던 오래전 이야기가 생각난다.

"나는 해외 나가서는 못살 것 같아! 맛있는 황석어 젓갈이며, 밴댕이 젓갈 등을 못 먹고 산다면 사는 게 아니지! 또 있잖아 된장, 청국장 이런 걸 마음껏 냄새피우며 끓여 먹지 못하면 무슨 낙으로 살아? 그리

곰소 젓갈 ‥‥‥

고 또 회는 마음껏 먹을 수 있나?"

　나는 공교롭게도 이후에 해외생활을 하게 되었고, 한국 음식이 그리워 눈물을 씰샅거리던 적이 많았다. 특히 젓갈이며, 회, 특히 지인과 나누던 곰소 젓갈 이야기가 생각날 때면 못 견디게 한국이 그리웠었다.

　이 맛깔 나는 곰소 젓갈의 출발은 곰소 염전에서 생산되는 천연염일 것이다. 소금은 3월에서 10월에 생산되는데, 여름에는 매일 거두고, 가을에는 3~5일이면 수확할 수 있다.

　염전(鹽田)*이라는 말을 가만히 음미해보면, '소금을 만드는 논'이니 그 의미 조합이 참 맞다는 생각을 해본다. 논에서는 쌀만 재배하는 줄 알지만 사람의 식탁에 빠질 수 없는 소금도 쌀과 같이 이 논에서 생산된다. 그러고 보면 쌀과 소금은 우리네 인생에서 빠질 수 없는 중요한 물건이고, 그 재배하는 장소 역시 비슷하지 않은가? 논에서 생산되는 쌀과 소금!

　　하늘을 향해 바다의 기운을 모으고,
　　뜨거운 띠약볕을 온몸으로 받아 그렇게,
　　여러 날을 뒤척여야 드디어 나는 소금이 될 수 있습니다.
　　그렇게 나는, 나는 순수한 바다의 정수, 소금입니다.

---

* 소금을 만들기 위하여 바닷물을 끌어 들여 논처럼 만든 곳. 바닷물을 여기에 모아서 막아
　놓고, 햇볕에 증발시켜서 소금을 얻는다.

곰소 염전 ● ● ● ● ●

곰소항 가까이 서 있는 빨간 등대와 매어져 있는 어선을 쳐다보며 잠시 '휴식'이란 단어를 생각한다. 이 한가한 시간은 잠시일 것이다! 또 바쁜 항해와 긴 고기잡이가 시작될 터이고, 그렇게 또 하염없는 시간을 등대는 배의 안녕을 기원하며 바쁜 신호를 보내야 할 것이다! 하지만 펄떡이는 시간의 바쁨 뒤에, 약속처럼 여기 이렇게 달콤한 휴식이 주어질 것이다.

곰소항 골목 골목길에 갈치 말리는 광경을 보고 있으면, 이곳의 풍요가 가득 전해진다. 요즘처럼 귀하고 비싼 몸이 된 갈치를 줄줄이 묶어서 말리는 모습을 보면 곰소만의 명성과 풍요가 허명이 아님을 실감한다. 얇고 투명하게 생긴 '박대' 말리는 풍경 역시 곰소 골목마다 가득하다.

곰소가 가지고 있는 해산물의 풍요로움은 회를 기다리는 동안 나오는 곁들임 음식에서도 금방 알아챌 수 있다. 웬만한 도시 식당에서

•••••• 서해 곰소 앞바다

곰소 갈치 말림 ••••••

단품메뉴로 내놓아도 손색이 없을 정도로 알차고 푸짐하다.

주꾸미, 산낙지, 생굴, 키조개구이, 굴구이, 해삼, 전복, 개불, 멍게, 소라, 피조개, 개불, 전어구이, 새우……. 바다의 풍요가 식탁에 가득하다. 이윽고 도착하는 주인공 '회' 역시 도톰하고 쫄깃한 육질과 싱싱함에 반할 만하다. 서해 곰소만의 풍요로움이 입안에 가득하다.

나의 빛나던 20대, 멕시코 '아카풀코(Acapulco)'라는 휴양도시에 잠시 들를 기회가 있었다. 하와이와 비슷한 북위 10도 근처에 위치한 도시는 온아한 바다 빛을 한없이 즐길 수 있는 태평양 연해 도시였다.

잠시 본 풍광에 매혹된 것은 나뿐만이 아니었던지 '프랭크 시나트라
(Frank Sinatra)'를 비롯한 세기의 스타들이 바다를 보는 언덕마다 그들
의 별장을 소유하고 있었다. 참 오랫동안 머무르고 싶다는 생각을 그
때 처음 해보았다. 사방으로 뛰어다니고 싶을 젊은 청춘이었는데도!

한동안 잊었던 머무르고 싶다는 감정을 다시 꺼내본 곳이 내게는
'모항'이었다. '변산반도의 보석상자'라는 말은 참 딱 맞아 떨어지는
표현이다.

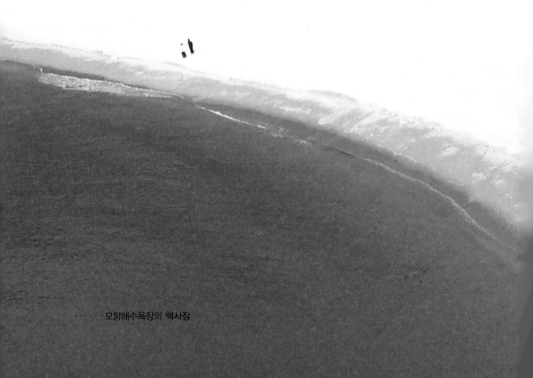

········ 모항해수욕장의 백사장

"문인들은 글을 쓰고, 화가는 그림을 그리고, 사진작가는 초점을 맞춘다!"

바닷가에 서 있는 지중해식 펜션을 계산 없는 마음으로 하염없이 쳐다보고 있어도 좋고, 파도 소리 무시로 철썩이는 은빛 바다를 텅 빈 마음으로 응시만 하고 있어도 좋다.

바다에 부서지는 눈 부신 햇살을 옆구리에 끼고 도란도란 사랑하는 사람과 걸어볼 수 있는 곳도 이곳이다. 겨울 아무도 없는 한적한 백사장을 천천히 거닐다 보면 젊은 날의 사랑을 다시 찾을 수 있을 것 같다. 시간을 여행하는 것처럼 이 모래사장을 알뜰히 한 걸음씩 현재에서 과거로, 그리고 현재에서 미래로 옮겨본다. 사랑하는 사람과 이야기를 나누면 이런 일쯤이야 식은 죽 먹기일 것이다!

앞마당에서 고기 잡는 어부가 마치 앞 텃밭에서 일하는 부모님처럼 가깝게 닿을 듯 느껴지고, 갈매기 소리 또한 금방 익숙해지는 듯하다. 그렇게 조금만 더 편안해질라치면 모항에 석양이 들고 바다가 잦아든다.

이제 은빛 햇살은 별빛, 달빛으로 바뀌어 바다를 비추고, 바다 건너서 보이는 펜션의 불빛 그리고 사람들의 행복한 내음이 전해진다. 모항의 하루가 가슴속에 진다. 모항은 우리나라에서 해가 늦게 지는 곳 중 하나다. 하지만 내 마음, 모항 바라기는 훨씬 오래오래 지지 않고 가슴에 남을 것 같다.

여행,

그때 우리가 머'물'었던 바다

•••••• 모항에 위치한 숙박시설

전라북도

익산시
군산시
완주군
무주군
김제시 전주시
진안군
부안군 장수군
정읍시 임실군
고창군 순창군 남원시

부안군

1 내소사

3 모항   2 곰소항, 곰소 염천, 젓갈

••• 현정이네 회 밑반찬

첫날

- 부안 진서면 내소사 도착 ― 내소사 구경 및 편안한 마음으로 차 한 잔 마시기 ― 염전, 곰소항, 곰소 젓갈 둘러봄 ― 호텔 체크인
- 점심: 현정이네 집(해산물 및 회 ― 120,000원)
- 메인 메뉴: 도다리, 우럭회
- 곁들인 음식: 주꾸미, 산낙지, 굴, 키조개구이, 굴구이, 해삼, 전복, 개불, 멍게, 소라, 피조개, 개불, 전어구이, 새우 등.
- 저녁: 객실에서 식사(뿌뜨락 피자, 스파게티 27,500원)
- 저녁 시간은 편히 숙소에서 바다 조망, 해넘이 등을 구경한 후, 피자와 스파게티를 시켜서 오랜만에 아이들 식단으로 해결해 본다.

둘째 날

- 변산 일출 보기 ― 모항 해변 걷기 ― 호텔 체크아웃
- 점심: 바지락죽(8,000원, 백합탕 10,000원)

숙소

- 해나루 가족 호텔(바다 전망 716호 73,000원)
- 서해 조망권이 훌륭. 모항해수욕장을 좋은 각도에서 볼 수 있음.
- 해수욕장 산책하기 좋음.
- 세미나, 회의 등을 할 수 있는 시설과 다양한 부대시설이 갖추어져 있다. 모항 근처에서는 가장 편리한 시설을 갖추고 있음.

사가지고 올 만한 것

- 멍게젓(500g 20,000원)
  이곳의 멍게젓은 다른 지역과 비교하면 단연 으뜸이다. 멍게의 살아 있는 맛과 싱싱함이 그대로 남아 있고, 양념까지 싹싹 훑어서 밥에 비비게 한다.

- 갈치속젓(500g 7,000원)
  입에 착착 감기며 자꾸 끌어당기는 맛. 밥과도 잘 어울리고, 삼겹살에 싸 먹어도 일품이다.

••• 해나루 가족 호텔 전경

중년에 떠나는 우리나라 추억 여행

여행, 내 마음이
하라는 대로

초판 1쇄 발행일 2015년 4월 16일

글 여기태
사진 윤현숙
펴낸이 박영희
편집 배정옥·유태선
디자인 김미령·박희경
마케팅 임자연
인쇄·제본 AP 프린팅
펴낸곳 도서출판 어문학사
　　　 서울특별시 도봉구 쌍문동 523-21 나너울 카운티 1층
　　　 대표전화: 02-998-0094/편집부1: 02-998-2267, 편집부2: 02-998-2269
　　　 홈페이지: www.amhbook.com
　　　 트위터: @with_amhbook
　　　 페이스북 페이지: http://www.facebook.com/amhbook
　　　 네이버 블로그: http://blog.naver.com/amhbook
　　　 다음 블로그: http://blog.daum.net/amhbook
　　　 e-mail: am@amhbook.com
　　　 등록: 2004년 4월 6일 제7-276호

ISBN 978-89-6184-368-3 03910
정가 17,000원

이 도서의 국립중앙도서관 출판예정도서목록(CIP)은 e-CIP홈페이지(http://www.nl.go.kr/ecip)
와 국가자료공동목록시스템(http://www.nl.go.kr/kolisnet)에서 이용하실 수 있습니다.
(CIP제어번호: CIP2015009504)

※잘못 만들어진 책은 교환해 드립니다.